城市客运企业主要负责人和安全生产管理人员安全考核真题解析

（出租汽车篇）

交通运输部公路科学研究院　编

人民交通出版社股份有限公司

北京

内 容 提 要

本书根据2022年交通运输部印发的《城市客运企业主要负责人和安全生产管理人员安全考核管理办法》《城市客运企业主要负责人和安全生产管理人员安全考核大纲》《城市客运企业主要负责人和安全生产管理人员安全考核基础题库》进行编写。全书系统梳理了城市客运企业主要负责人和安全生产管理人员安全考核基础题库中出租汽车相关题目的出题依据和来源，并依据相关法律法规、规范性文件和标准对题目进行了全方位解析。

本书适合出租汽车企业主要负责人和安全生产管理人员学习使用。

图书在版编目(CIP)数据

城市客运企业主要负责人和安全生产管理人员安全考核真题解析. 出租汽车篇/交通运输部公路科学研究院编. —北京：人民交通出版社股份有限公司，2023.3
ISBN 978-7-114-18424-6

Ⅰ.①城… Ⅱ.①交… Ⅲ.①城市运输—旅客运输—安全生产—中国—考核—题解②出租汽车—城市运输—安全生产—中国—考核—题解 Ⅳ.①F572.6-44

中国国家版本馆 CIP 数据核字(2022)第 255552 号

书　　　名：	城市客运企业主要负责人和安全生产管理人员安全考核真题解析(出租汽车篇)
著　作　者：	交通运输部公路科学研究院
责任编辑：	姚　旭
责任校对：	孙国靖　刘　璇
责任印制：	张　凯
出版发行：	人民交通出版社股份有限公司
地　　　址：	(100011)北京市朝阳区安定门外外馆斜街3号
网　　　址：	http://www.ccpcl.com.cn
销售电话：	(010)59757973
总　经　销：	人民交通出版社股份有限公司发行部
经　　　销：	各地新华书店
印　　　刷：	北京虎彩文化传播有限公司
开　　　本：	787×1092　1/16
印　　　张：	8.5
字　　　数：	176千
版　　　次：	2023年3月　第1版
印　　　次：	2023年3月　第1次印刷
书　　　号：	ISBN 978-7-114-18424-6
定　　　价：	49.00元

(有印刷、装订质量问题的图书，由本公司负责调换)

编 写 组

主　编：程国华　乔　睿　王　蔚　陈　晖
副主编：朱志强　石　凌　殷焕焕　杨海龙
　　　　陈　跃

前 言

近年来,交通运输行业始终把交通运输安全摆在各项工作的首位,把人民群众生命安全放在第一位,坚持安全第一、预防为主、综合治理,有力地推动了我国交通运输安全生产形势持续稳定向好。但同时,城市客运领域安全生产事故依然时有发生,暴露出有关企业安全生产主体责任落实不到位、对驾驶员等从业人员安全生产教育培训不合格、驾驶员应急处置能力不适应、车辆隐患排查不彻底等问题。其中,城市客运企业主要负责人和安全生产管理人员对于安全管理工作水平高低起决定性作用。

2021年,第三次修正的《安全生产法》第二十七条将"道路运输单位"调整为"运输单位",要求运输单位主要负责人和安全生产管理人员,应当由主管的负有安全生产监督管理职责的部门对其安全生产知识和管理能力考核合格,考核不得收费。为贯彻落实新《安全生产法》有关规定,组织开展好运输企业主要负责人和安全生产管理人员安全考核工作,交通运输部决定规范城市客运企业主要负责人和安全生产管理人员的安全考核工作。2022年11月,交通运输部印发了《城市客运企业主要负责人和安全生产管理人员安全考核管理办法》《城市客运企业主要负责人和安全生产管理人员安全考核大纲》(以下简称《考核大纲》)和《城市客运企业主要负责人和安全生产管理人员安全考核基础题库》(以下简称《题库》)。

为了帮助出租汽车企业主要负责人和安全生产管理人员更好地掌握安全考核题目和相关知识点,我们紧扣《考核大纲》和《题库》,系统梳理了城市客运企业主要负责人和安全生产管理人员安全考核基础题库中出租汽车相关题目的出题依据和来源,并依据相关法律法规、规范性文件和标准对题目进行了全方位解析。

在编写过程中,由于作者水平有限,书中难免有不妥之处,敬请有关专家、学者和从事出租汽车行业的工作者批评指正,以便完善。

编 者
2022年11月

目 录

第一部分　出租汽车企业主要负责人和安全生产管理人员
　　　　　安全考核真题解析 …………………………………………………… 1

第二部分　城市客运企业主要负责人和安全生产管理人员
　　　　　安全考核管理办法 …………………………………………………… 115

第一部分

出租汽车企业主要负责人和安全生产管理人员安全考核真题解析

一、单选题

1. 依据《巡游出租汽车经营服务管理规定》,以下选项中,不属于巡游出租汽车应配备的设施设备的是(　　)。

A. 符合规定的计程计价设备　　B. 具有行驶记录功能的车辆卫星定位装置
C. 应急报警装置　　　　　　　D. 车厢音视频采集装置

正确答案:D

【试题解析】

《巡游出租汽车经营服务管理规定》第十五条规定,"投入运营的巡游出租汽车车辆应当安装符合规定的计程计价设备、具有行驶记录功能的车辆卫星定位装置、应急报警装置,按照要求喷涂车身颜色和标识,设置有中英文'出租汽车'字样的顶灯和能显示空车、暂停运营、电召等运营状态的标志,按照规定在车辆醒目位置标明运价标准、乘客须知、经营者名称和服务监督电话。"

ABC 项均涉及在内,故本题选 D。

2. 依据《巡游出租汽车经营服务管理规定》,未取得巡游出租汽车经营许可,擅自从事巡游出租汽车经营活动的,由县级以上地方人民政府出租汽车行政主管部门责令改正,并处以(　　)罚款。

A. 5000 元以上 2 万元以下　　B. 1 万元以上 10 万元以下
C. 1 万元以上 5 万元以下　　　D. 500 元以上 1000 元以下

正确答案:A

【试题解析】

《巡游出租汽车经营服务管理规定》第四十五条规定,"违反本规定,未取得巡游出租汽车经营许可,擅自从事巡游出租汽车经营活动的,由县级以上地方人民政府出租汽车行政主管部门责令改正,并处以 5000 元以上 2 万元以下罚款。构成犯罪的,依法追究刑事责任。"

故本题选 A。

3. 根据《出租汽车运营服务规范》,出租汽车经营者应(　　)组织开展一次安全法规、规章制度、安全操作规程、职业道德的教育和培训,提高服务人员安全意识、业务技能和职业素养。

A. 每周　　　B. 每月　　　C. 每季度　　　D. 每年

正确答案:B

【试题解析】

《出租汽车运营服务规范》(GB/T 22485—2021)第 8.1 节"经营者安全管理"中 8.1.3 条规定,"每月至少应组织开展一次安全法规、规章制度、安全操作规程、职业道德的教育和培训,提高服务人员安全意识、业务技能和职业素养。"

故本题选 B。

4. 根据《出租汽车运营服务规范》,(　　)应每月组织开展一次安全法规、规章制度、安全操作规程、职业道德的教育和培训,提高服务人员安全意识、业务技能和职业素养。

  A.出租汽车经营者   B.出租汽车协会
  C.出租汽车管理部门   D.出租汽车驾驶员

正确答案:A

【试题解析】

《出租汽车运营服务规范》(GB/T 22485—2021)第8.1节"经营者安全管理"中8.1.3条规定,"每月至少应组织开展一次安全法规、规章制度、安全操作规程、职业道德的教育和培训,提高服务人员安全意识、业务技能和职业素养。"

故本题选 A。

5.根据《出租汽车运营服务规范》,(　　)应为车辆和乘客按规定投保相应保险,发生事故后应按责任认定承担相应责任,并协助办理保险赔付。

  A.出租汽车经营者   B.出租汽车协会
  C.出租汽车管理部门   D.出租汽车驾驶员

正确答案:A

【试题解析】

《出租汽车运营服务规范》(GB/T 22485—2021)第8.1节"经营者安全管理"中8.1.7条规定,"应为车辆和乘客按规定投保相应保险,发生事故后应按责任认定承担相应责任,并协助办理保险赔付。"

故本题选 A。

6.根据《出租汽车运营服务规范》,(　　)应定期检查车辆,并建立完整的车辆维修、保养记录。

  A.出租汽车经营者   B.出租汽车协会
  C.出租汽车管理部门   D.出租汽车驾驶员

正确答案:A

【试题解析】

《出租汽车运营服务规范》(GB/T 22485—2021)第8.1节"经营者安全管理"中8.1.4条规定,"应定期检查车辆,并建立完整的车辆维修、保养记录。"

故本题选 A。

7.根据《出租汽车运营服务规范》,(　　)应定期检查车辆消防器材,对过期消防器材应及时报废、更新。

  A.出租汽车经营者   B.出租汽车协会
  C.出租汽车管理部门   D.出租汽车驾驶员

正确答案:A

【试题解析】

《出租汽车运营服务规范》(GB/T 22485—2021)第8.1节"经营者安全管理"中8.1.5

条规定,"应定期检查车辆消防器材,对过期消防器材应及时报废、更新。"

故本题选 A。

8. 根据《网络预约出租汽车运营服务规范》,开展网络预约出租汽车运营的车辆应取得公安部门核发的机动车牌照和行驶证,应取得(　　)出租汽车行业管理部门核发的营运证件。

　　A. 交通运输部　　　　　　　　B. 本省交通运输厅
　　C. 服务所在地　　　　　　　　D. 取得平台许可所在城市

正确答案:C

【试题解析】

《网络预约出租汽车运营服务规范》(JT/T 1068—2016)第 4.2 节"车辆管理"中 4.2.1 条规定,"车辆应取得公安部门核发的机动车牌照和行驶证,应取得服务所在地出租汽车行业管理部门核发的营运证件。"

故本题选 C。

9. 根据《出租汽车运营服务规范》(GB/T 22485—2021),当出租汽车驾驶员发现乘客遗留可疑危险物品时,应(　　)。

　　A. 立即上报企业
　　B. 立即报警
　　C. 先自行处置,发现有危险后上报企业
　　D. 上报交通运输主管部门

正确答案:B

【试题解析】

《出租汽车运营服务规范》(GB/T 22485—2021)第 7.4 节"运营特殊情况处理"中 7.4.6 条规定,"发现乘客遗留的可疑物品或危险物品时,应立即报警。"

故本题选 B。

10. 依据《网络预约出租汽车经营服务管理暂行办法》,从事网约车服务的驾驶员,应取得相应准驾车型机动车驾驶证并具有(　　)年以上驾驶经历。

　　A. 1　　　　　B. 2　　　　　C. 3　　　　　D. 4

正确答案:C

【试题解析】

《网络预约出租汽车经营服务管理暂行办法》第十四条规定,"从事网约车服务的驾驶员,应当符合以下条件:

"(一)取得相应准驾车型机动车驾驶证并具有 3 年以上驾驶经历;

"(二)无交通肇事犯罪、危险驾驶犯罪记录,无吸毒记录,无饮酒后驾驶记录,最近连续 3 个记分周期内没有记满 12 分记录;

"(三)无暴力犯罪记录;

"(四)城市人民政府规定的其他条件。"

故本题选 C。

11.依据《出租汽车驾驶员从业资格管理规定》,出租汽车驾驶员从业资格注册有效期为( )年。

  A.1   B.2   C.3   D.4

正确答案:C

【试题解析】

《出租汽车驾驶员从业资格管理规定》第十六条规定,"取得从业资格证的出租汽车驾驶员,应当经出租汽车行政主管部门从业资格注册后,方可从事出租汽车客运服务。出租汽车驾驶员从业资格注册有效期为3年。"

故本题选 C。

12.依据《出租汽车驾驶员从业资格管理规定》,出租汽车驾驶员在注册期内应当按规定完成继续教育。取得从业资格证超过3年未申请注册的,注册后上岗前应当完成不少于( )学时的继续教育。

  A.15   B.27   C.30   D.36

正确答案:B

【试题解析】

《出租汽车驾驶员从业资格管理规定》第二十四条规定,"出租汽车驾驶员在注册期内应当按规定完成继续教育。取得从业资格证超过3年未申请注册的,注册后上岗前应当完成不少于27学时的继续教育。"

故本题选 B。

13.依据《巡游出租汽车经营服务管理规定》,巡游出租汽车经营者不按照规定保证车辆技术状况良好的,由县级以上地方人民政府出租汽车行政主管部门责令改正,并处以( )罚款。

  A.200元以上500元以下   B.1000元以上2000元以下
  C.3万元以上5万元以下   D.5000元以上1万元以下

正确答案:D

【试题解析】

《巡游出租汽车经营服务管理规定》第四十七条规定,"巡游出租汽车经营者违反本规定,有下列行为之一的,由县级以上地方人民政府出租汽车行政主管部门责令改正,并处以5000元以上1万元以下罚款。构成犯罪的,依法追究刑事责任:

"(一)擅自暂停、终止全部或者部分巡游出租汽车经营的;

"(二)出租或者擅自转让巡游出租汽车车辆经营权的;

"(三)巡游出租汽车驾驶员转包经营未及时纠正的;

"(四)不按照规定保证车辆技术状况良好的;

"(五)不按照规定配置巡游出租汽车相关设备的;

"(六)不按照规定建立并落实投诉举报制度的。"

故本题选 D。

14.依据《网络预约出租汽车经营服务管理暂行办法》,申请从事网约车经营的,应当具备线上线下服务能力,要求的条件不包括(　　)。

　　A.具有企业法人资格

　　B.有健全的经营管理制度、安全生产管理制度和服务质量保障制度

　　C.在服务所在地有相应服务机构及服务能力

　　D.有按规定取得的出租汽车经营权

正确答案:D

【试题解析】

《网络预约出租汽车经营服务管理暂行办法》第五条规定,"申请从事网约车经营的,应当具备线上线下服务能力,符合下列条件:

"(一)具有企业法人资格;

"(二)具备开展网约车经营的互联网平台和与拟开展业务相适应的信息数据交互及处理能力,具备供交通、通信、公安、税务、网信等相关监管部门依法调取查询相关网络数据信息的条件,网络服务平台数据库接入出租汽车行政主管部门监管平台,服务器设置在中国内地,有符合规定的网络安全管理制度和安全保护技术措施;

"(三)使用电子支付的,应当与银行、非银行支付机构签订提供支付结算服务的协议;

"(四)有健全的经营管理制度、安全生产管理制度和服务质量保障制度;

"(五)在服务所在地有相应服务机构及服务能力;

"(六)法律法规规定的其他条件。"

ABC 项均涉及在内,故本题选 D。

15.依据《网络预约出租汽车经营服务管理暂行办法》规定,未取得经营许可,擅自从事或者变相从事网约车经营活动的,由县级以上出租汽车行政主管部门责令改正,予以警告,并处以(　　)罚款;构成犯罪的,依法追究刑事责任。

　　A.100 元以上 500 元以下　　　　B.1000 元以上 5000 元以下

　　C.1 万元以上 3 万元以下　　　　D.5000 元以上 1 万元以下

正确答案:C

【试题解析】

《网络预约出租汽车经营服务管理暂行办法》第三十四条规定,"违反本规定,擅自从事或者变相从事网约车经营的,有下列行为之一的,由县级以上出租汽车行政主管部门责令改正,予以警告,并按照以下规定分别予以罚款;构成犯罪的,依法追究刑事责任:

"(一)未取得经营许可,擅自从事或者变相从事网约车经营活动的;

"(二)伪造、变造或者使用伪造、变造、失效的《网络预约出租汽车运输证》《网络预约出

租汽车驾驶员证》从事网约车经营活动的。

"……"

故本题选C。

16.依据《出租汽车驾驶员从业资格管理规定》,关于申请参加出租汽车驾驶员从业资格考试的,以下说法错误的是(　　)。

　　A.取得相应准驾车型机动车驾驶证并具有1年以上驾驶经历

　　B.无交通肇事犯罪、危险驾驶犯罪记录,无吸毒记录,无饮酒后驾驶记录,最近连续3个记分周期内没有记满12分记录

　　C.无暴力犯罪记录

　　D.城市人民政府规定的其他条件

正确答案:A

【试题解析】

《出租汽车驾驶员从业资格管理规定》第十条规定,"申请参加出租汽车驾驶员从业资格考试的,应当符合下列条件:

"(一)取得相应准驾车型机动车驾驶证并具有3年以上驾驶经历;

"(二)无交通肇事犯罪、危险驾驶犯罪记录,无吸毒记录,无饮酒后驾驶记录,最近连续3个记分周期内没有记满12分记录;

"(三)无暴力犯罪记录;

"(四)城市人民政府规定的其他条件。"

驾驶员应具有3年以上驾驶经历,故本题选A。

17.依据《出租汽车驾驶员从业资格管理规定》,巡游出租汽车驾驶员注册有效期届满需继续从事出租汽车客运服务的,应当在有效期届满(　　)日前,向所在地出租汽车行政主管部门申请延续注册。

　　A.10　　　　　　B.20　　　　　　C.30　　　　　　D.60

正确答案:C

【试题解析】

《出租汽车驾驶员从业资格管理规定》第二十条规定,"巡游出租汽车驾驶员注册有效期届满需继续从事出租汽车客运服务的,应当在有效期届满30日前,向所在地出租汽车行政主管部门申请延续注册。"

故本题选C。

18.依据《出租汽车驾驶员从业资格管理规定》,出租汽车驾驶员继续教育由(　　)组织实施。

　　A.出租汽车经营者　　　　　　B.出租汽车协会

　　C.出租汽车行政主管部门　　　D.出租汽车驾驶员

正确答案:A

【试题解析】

《出租汽车驾驶员从业资格管理规定》第二十六条规定,"出租汽车驾驶员继续教育由出租汽车经营者组织实施。"

故本题选 A。

19.依据《出租汽车驾驶员从业资格管理规定》,未取得从业资格证或者超越从业资格证核定范围,驾驶出租汽车从事经营活动的,由县级以上出租汽车行政主管部门责令改正,并处(　　)的罚款;构成犯罪的,依法追究刑事责任。

　　A.50 元以上 100 元以下
　　B.1 万元以上 5 万元以下
　　C.200 元以上 2000 元以下
　　D.2000 元以上 10000 元以下

正确答案:C

【试题解析】

《出租汽车驾驶员从业资格管理规定》第四十一条规定,"违反本规定,有下列行为之一的人员,由县级以上出租汽车行政主管部门责令改正,并处 200 元以上 2000 元以下的罚款;构成犯罪的,依法追究刑事责任:

"(一)未取得从业资格证或者超越从业资格证核定范围,驾驶出租汽车从事经营活动的;

"(二)使用失效、伪造、变造的从业资格证,驾驶出租汽车从事经营活动的;

"(三)转借、出租、涂改从业资格证的。"

故本题选 C。

20.依据《出租汽车驾驶员从业资格管理规定》,聘用未取得从业资格证的人员,驾驶出租汽车从事经营活动的,由县级以上出租汽车行政主管部门责令改正,并处(　　)的罚款;情节严重的,处 1 万元以上 3 万元以下的罚款。

　　A.3000 元以上 1 万元以下
　　B.50 元以上 100 元以下
　　C.100 元以上 500 元以下
　　D.1000 元以上 5000 元以下

正确答案:A

【试题解析】

《出租汽车驾驶员从业资格管理规定》第四十三条规定,"违反本规定,聘用未取得从业资格证的人员,驾驶出租汽车从事经营活动的,由县级以上出租汽车行政主管部门责令改正,并处 3000 元以上 1 万元以下的罚款;情节严重的,处 1 万元以上 3 万元以下的罚款。"

故本题选 A。

21.根据《出租汽车运营服务规范》,下列不属于出租汽车车容车貌要求的是(　　)。

　　A.车身外观整洁完好,车辆前后内外照明灯齐全,功能完好
　　B.车窗玻璃密闭良好,洁净明亮、无遮蔽物
　　C.仪表台、后风挡窗台可放置与运营无关的物品
　　D.仪表显示完好

正确答案:C

【试题解析】

《出租汽车运营服务规范》(GB/T 22485—2021)第5.2节"车容车貌要求"中5.2.1条规定,"车身外观应符合下列要求:

"a)车身外观整洁完好。车辆前后内外照明灯齐全,功能完好。

"b)轮胎盖齐全完好。车门功能正常。

"c)车窗玻璃密闭良好,洁净明亮、无遮蔽物,升降功能有效。玻璃刮水器功能完好。"

第5.2.2条规定,"车厢内整洁、卫生,无杂物、异味,车厢内饰应符合下列要求:

"a)仪表显示完好;

"b)仪表台、后风挡窗台不放置与运营无关的物品;

"c)遮阳板、化妆镜齐全完好。"

ABD选项均正确,仪表台、后风挡窗台不放置与运营无关的物品,故本题选C。

22. 根据《巡游出租汽车运营服务规范》,关于出租汽车专用设施,下列说法不准确的是（　　）。

　　A. 顶灯应与运营状态标志联动,夜间应有照明

　　B. 安全防范设施应具备防劫防盗、应急报警等功能

　　C. 顶灯应仅有中文"出租汽车"字样

　　D. 应急报警装置宜实现与车载卫星定位系统的联动

正确答案：C

【试题解析】

《巡游出租汽车运营服务规范》(JT/T 1069—2016)第6.2节"专用设施要求"中6.2.1条规定,"顶灯应与运营状态标志联动,夜间应有照明。顶灯应仅有中英文'出租汽车'字样"。第6.2.3条规定,"安全防范设施应具备防劫防盗、应急报警等功能,应急报警装置宜实现与车载卫星定位系统联动。"

ABD选项均正确,故本题选C。

23. 依据《巡游出租汽车经营服务管理规定》,巡游出租汽车驾驶员拒载、议价、途中甩客或者故意绕道行驶的,由县级以上地方人民政府出租汽车行政主管部门责令改正,并处以（　　）罚款。

　　A. 10元以上50元以下　　　　B. 200元以上500元以下

　　C. 1万元以上3万元以下　　　D. 2000元以上1万元以下

正确答案：B

【试题解析】

《巡游出租汽车经营服务管理规定》第四十八条规定,"巡游出租汽车驾驶员违反本规定,有下列情形之一的,由县级以上地方人民政府出租汽车行政主管部门责令改正,并处200元以上500元以下罚款:

"(一)拒载、议价、途中甩客或者故意绕道行驶的;

"……"

故本题选 B。

24. 根据《道路运输驾驶员技能和素质要求 第 3 部分：出租汽车驾驶员》，出租汽车驾驶员安全运营与治安防范专业知识要求不包括(　　)。

　　A. 应掌握疲劳、饮酒、服用药物等对生理条件和安全驾驶的影响

　　B. 应掌握驾驶员情绪、性格、气质等心理因素对安全驾驶的影响

　　C. 应掌握出租汽车驾驶员职业道德要求

　　D. 应掌握乘客人身及财产安全、防暴防劫和自我安全防范知识

正确答案：C

【试题解析】

《道路运输驾驶员技能和素质要求 第 3 部分：出租汽车驾驶员》(JT/T 917.3—2014)第 5 节"出租汽车驾驶员专业知识要求"中的安全运营与治安防范内容包括：

"a) 应掌握疲劳、饮酒、服用药物、吸食毒品等对生理条件和安全驾驶的影响；

"b) 应掌握驾驶员情绪、性格、气质等心理因素对安全驾驶的影响；

……

"h) 应掌握乘客人身及财产安全、防暴防劫和自我安全防范知识。"

ABD 选项均包括，故本题选 C。

25. 依据《出租汽车驾驶员从业资格管理规定》，网络预约出租汽车驾驶员的注册，通过(　　)向发证机关所在地出租汽车行政主管部门报备完成。

　　A. 网络预约出租汽车驾驶员　　B. 出租汽车经营者

　　C. 出租汽车行业协会　　D. 以上均可

正确答案：B

【试题解析】

《出租汽车驾驶员从业资格管理规定》第二十三条规定，"网络预约出租汽车驾驶员的注册，通过出租汽车经营者向发证机关所在地出租汽车行政主管部门报备完成，报备信息包括驾驶员从业资格证信息、与出租汽车经营者签订的劳动合同或者协议等。"

故本题选 B。

26. 依据《巡游出租汽车经营服务管理规定》，巡游出租汽车经营者违反本规定，有下列行为之一的，由县级以上地方人民政府出租汽车行政主管部门责令改正，并处以 5000 元以上 1 万元以下罚款。构成犯罪的，依法追究刑事责任，不包括(　　)。

　　A. 擅自暂停、终止全部或者部分巡游出租汽车经营的

　　B. 不按照规定建立并落实投诉举报制度的

　　C. 出租或者擅自转让巡游出租汽车车辆经营权的

　　D. 使用失效、伪造、变造、被注销等无效道路运输证的车辆从事巡游出租汽车经营活动的

正确答案:D

【试题解析】

《巡游出租汽车经营服务管理规定》第四十七条规定,"巡游出租汽车经营者违反本规定,有下列行为之一的,由县级以上地方人民政府出租汽车行政主管部门责令改正,并处以5000元以上1万元以下罚款。构成犯罪的,依法追究刑事责任:

"(一)擅自暂停、终止全部或者部分巡游出租汽车经营的;

"(二)出租或者擅自转让巡游出租汽车车辆经营权的;

……

"(六)不按照规定建立并落实投诉举报制度的。"

ABC项均涉及在内,故本题选D。

27. 根据《出租汽车运营服务规范》,关于复杂天气和危险路段行车安全要求,下列说法不正确的是(　　)。

  A. 遇情况不明、视线不良、起步会车、交叉路口、危险和繁华地段时,应减速慢行

  B. 雪中行车时,宜沿已有车辙低速行驶,避免急加速或急减速

  C. 通过交叉路口时,应观察前方,留意左右两侧的车辆和行人,控制好车速,注意避让,不争道抢行

  D. 下坡时应控制车速,可空挡滑行

正确答案:D

【试题解析】

《出租汽车运营服务规范》(GB/T 22485—2021)第8.2节"驾驶员行车安全"中8.2.2.9条规定,"下坡时应控制车速,不应空挡滑行。上坡时应提前减挡,低挡行驶。"

故本题选D。

28. 依据《出租汽车驾驶员从业资格管理规定》,出租汽车驾驶员从业资格考试合格成绩有效期为(　　)。

  A.1年   B.2年   C.3年   D.永久

正确答案:C

【试题解析】

《出租汽车驾驶员从业资格管理规定》第十三条规定,"设区的市级出租汽车行政主管部门应当在考试结束10日内公布考试成绩。考试合格成绩有效期为3年。"

故本题选C。

29. 依据《出租汽车驾驶员从业资格管理规定》,(　　)应当建立出租汽车驾驶员从业资格管理档案。

  A. 出租汽车行政主管部门 B. 出租汽车经营者

  C. 出租汽车行业协会   D. 出租汽车驾驶员

正确答案:A

【试题解析】

《出租汽车驾驶员从业资格管理规定》第三十七条规定,"出租汽车行政主管部门应当建立出租汽车驾驶员从业资格管理档案。出租汽车驾驶员从业资格管理档案包括:从业资格考试申请材料、从业资格证申请、注册及补(换)发记录、违法行为记录、交通责任事故情况、继续教育记录和服务质量信誉考核结果等。"

故本题选 A。

30.依据《出租汽车驾驶员从业资格管理规定》,网络预约出租汽车驾驶员违反规定巡游揽客、站点候客,由县级以上地方人民政府出租汽车行政主管部门责令改正,并处以( )罚款。

  A.10 元以上 50 元以下   B.200 元以上 500 元以下

  C.1000 元以上 5000 元以下   D.1 万元以上 2 万元以下

正确答案:B

【试题解析】

《出租汽车驾驶员从业资格管理规定》第四十二条规定,"出租汽车驾驶员违反第十六条、第四十条规定的,由县级以上出租汽车行政主管部门责令改正,并处200元以上500元以下的罚款。"

第四十条规定,"出租汽车驾驶员在运营过程中,应当遵守国家对驾驶员在法律法规、职业道德、服务规范、安全运营等方面的资格规定,文明行车、优质服务。出租汽车驾驶员不得有下列行为:

"……

"(六)网络预约出租汽车驾驶员违反规定巡游揽客、站点候客;

"……"

故本题选 B。

31.依据《出租汽车驾驶员从业资格管理规定》,出租汽车驾驶员不按照规定使用出租汽车相关设备,由县级以上地方人民政府出租汽车行政主管部门责令改正,并处以( )罚款。

  A.10 元以上 50 元以下   B.200 元以上 500 元以下

  C.1000 元以上 5000 元以下   D.1 万元以上 2 万元以下

正确答案:B

【试题解析】

《出租汽车驾驶员从业资格管理规定》第四十二条规定,"出租汽车驾驶员违反第十六条、第四十条规定的,由县级以上出租汽车行政主管部门责令改正,并处200元以上500元以下的罚款。"

第四十条规定,"出租汽车驾驶员在运营过程中,应当遵守国家对驾驶员在法律法规、职业道德、服务规范、安全运营等方面的资格规定,文明行车、优质服务。出租汽车驾驶员不得有下列行为：

"……

"(二)不按照规定使用出租汽车相关设备；

"……"

故本题选 B。

32.依据《出租汽车驾驶员从业资格管理规定》，出租汽车驾驶员不按照规定使用文明用语，车容车貌不符合要求，由县级以上地方人民政府出租汽车行政主管部门责令改正，并处以(　　)罚款。

　　A.10 元以上 50 元以下　　　　　　B.200 元以上 500 元以下

　　C.1000 元以上 5000 元以下　　　　D.1 万元以上 2 万元以下

正确答案：B

【试题解析】

《出租汽车驾驶员从业资格管理规定》第四十二条规定，"出租汽车驾驶员违反第十六条、第四十条规定的，由县级以上出租汽车行政主管部门责令改正，并处 200 元以上 500 元以下的罚款。"

第四十条规定，"出租汽车驾驶员在运营过程中，应当遵守国家对驾驶员在法律法规、职业道德、服务规范、安全运营等方面的资格规定，文明行车、优质服务。出租汽车驾驶员不得有下列行为：

"……

"(三)不按照规定使用文明用语，车容车貌不符合要求；

"……"

故本题选 B。

33.依据《出租汽车驾驶员从业资格管理规定》，出租汽车驾驶员未经乘客同意搭载其他乘客，由县级以上地方人民政府出租汽车行政主管部门责令改正，并处以(　　)罚款。

　　A.10 元以上 50 元以下　　　　　　B.200 元以上 500 元以下

　　C.1000 元以上 5000 元以下　　　　D.1 万元以上 2 万元以下

正确答案：B

【试题解析】

《出租汽车驾驶员从业资格管理规定》第四十二条规定，"出租汽车驾驶员违反第十六条、第四十条规定的，由县级以上出租汽车行政主管部门责令改正，并处 200 元以上 500 元以下的罚款。"

第四十条规定，"出租汽车驾驶员在运营过程中，应当遵守国家对驾驶员在法律法规、职业道德、服务规范、安全运营等方面的资格规定，文明行车、优质服务。出租汽车驾驶员不得有下列行为：

"……

"(四)未经乘客同意搭载其他乘客;

"……"

故本题选 B。

34.依据《出租汽车驾驶员从业资格管理规定》,巡游出租汽车驾驶员不按照规定使用计程计价设备、违规收费或者网络预约出租汽车驾驶员违规收费,由县级以上地方人民政府出租汽车行政主管部门责令改正,并处以( )罚款。

A.10 元以上 50 元以下   B.200 元以上 500 元以下
C.1000 元以上 5000 元以下   D.1 万元以上 2 万元以下

正确答案:B

【试题解析】

《出租汽车驾驶员从业资格管理规定》第四十二条规定,"出租汽车驾驶员违反第十六条、第四十条规定的,由县级以上出租汽车行政主管部门责令改正,并处 200 元以上 500 元以下的罚款。"

第四十条规定,"出租汽车驾驶员在运营过程中,应当遵守国家对驾驶员在法律法规、职业道德、服务规范、安全运营等方面的资格规定,文明行车、优质服务。出租汽车驾驶员不得有下列行为:

"……

"(八)巡游出租汽车驾驶员不按照规定使用计程计价设备、违规收费或者网络预约出租汽车驾驶员违规收费;

"……"

故本题选 B。

35.依据《出租汽车驾驶员从业资格管理规定》,出租汽车驾驶员对举报、投诉其服务质量或者对其服务作出不满意评价的乘客实施报复,由县级以上地方人民政府出租汽车行政主管部门责令改正,并处以( )罚款。

A.10 元以上 50 元以下   B.200 元以上 500 元以下
C.1000 元以上 5000 元以下   D.1 万元以上 2 万元以下

正确答案:B

【试题解析】

《出租汽车驾驶员从业资格管理规定》第四十二条规定,"出租汽车驾驶员违反第十六条、第四十条规定的,由县级以上出租汽车行政主管部门责令改正,并处 200 元以上 500 元以下的罚款。"

第四十条规定,"出租汽车驾驶员在运营过程中,应当遵守国家对驾驶员在法律法规、职业道德、服务规范、安全运营等方面的资格规定,文明行车、优质服务。出租汽车驾驶员不得有下列行为:

"……

"(九)对举报、投诉其服务质量或者对其服务作出不满意评价的乘客实施报复。"

故本题选 B。

36. 依据《出租汽车驾驶员从业资格管理规定》,巡游出租汽车驾驶员拒载,或者未经约车人或乘客同意、网络预约出租汽车驾驶员无正当理由未按承诺到达约定地点提供预约服务,由县级以上地方人民政府出租汽车行政主管部门责令改正,并处以(　　)罚款。

  A. 10 元以上 50 元以下   B. 200 元以上 500 元以下
  C. 1000 元以上 5000 元以下   D. 1 万元以上 2 万元以下

正确答案:B

【试题解析】

《出租汽车驾驶员从业资格管理规定》第四十二条规定,"出租汽车驾驶员违反第十六条、第四十条规定的,由县级以上出租汽车行政主管部门责令改正,并处 200 元以上 500 元以下的罚款。"

第四十条规定,"租汽车驾驶员在运营过程中,应当遵守国家对驾驶员在法律法规、职业道德、服务规范、安全运营等方面的资格规定,文明行车、优质服务。出租汽车驾驶员不得有下列行为:

"……

"(七)巡游出租汽车驾驶员拒载,或者未经约车人或乘客同意、网络预约出租汽车驾驶员无正当理由未按承诺到达约定地点提供预约服务;

"……"

故本题选 B。

37. 依据《出租汽车驾驶员从业资格管理规定》,取得从业资格证的出租汽车驾驶员,未经出租汽车行政主管部门从业资格注册,从事出租汽车客运服务,由县级以上地方人民政府出租汽车行政主管部门责令改正,并处以(　　)罚款。

  A. 10 元以上 50 元以下   B. 200 元以上 500 元以下
  C. 1000 元以上 5000 元以下   D. 1 万元以上 2 万元以下

正确答案:B

【试题解析】

《出租汽车驾驶员从业资格管理规定》第四十二条规定,"出租汽车驾驶员违反第十六条、第四十条规定的,由县级以上出租汽车行政主管部门责令改正,并处 200 元以上 500 元以下的罚款。"

第十六条规定,"取得从业资格证的出租汽车驾驶员,应当经出租汽车行政主管部门从业资格注册后,方可从事出租汽车客运服务。……"

故本题选 B。

38. 依据《出租汽车驾驶员从业资格管理规定》,使用失效、伪造、变造的从业资格证,驾驶出租汽车从事经营活动的,由县级以上出租汽车行政主管部门责令改正,并处(　　)的罚款;构成犯罪的,依法追究刑事责任。

  A.10 元以上 50 元以下   B.500 元以上 5000 元以下

  C.200 元以上 2000 元以下   D.1 万元以上 3 万元以下

正确答案:C

【试题解析】

《出租汽车驾驶员从业资格管理规定》第四十一条规定,"违反本规定,有下列行为之一的人员,由县级以上出租汽车行政主管部门责令改正,并处 200 元以上 2000 元以下的罚款;构成犯罪的,依法追究刑事责任:

"……

"(二)使用失效、伪造、变造的从业资格证,驾驶出租汽车从事经营活动的;

"……"

故本题选 C。

39. 依据《出租汽车驾驶员从业资格管理规定》,转借、出租、涂改从业资格证的,由县级以上出租汽车行政主管部门责令改正,并处( )的罚款;构成犯罪的,依法追究刑事责任。

  A.10 元以上 50 元以下   B.500 元以上 5000 元以下

  C.200 元以上 2000 元以下   D.1 万元以上 3 万元以下

正确答案:C

【试题解析】

《出租汽车驾驶员从业资格管理规定》第四十一条规定,"违反本规定,有下列行为之一的人员,由县级以上出租汽车行政主管部门责令改正,并处 200 元以上 2000 元以下的罚款;构成犯罪的,依法追究刑事责任:

"……

"(三)转借、出租、涂改从业资格证的。"

故本题选 C。

40. 依据《出租汽车驾驶员从业资格管理规定》,聘用未按规定办理注册手续的人员,驾驶出租汽车从事经营活动的出租汽车经营者,由县级以上出租汽车行政主管部门责令改正,并处( )的罚款。

  A.1000 元以上 3000 元以下   B.50 元以上 100 元以下

  C.1 万元以上 5 万元以下   D.500 元以上 1000 元以下

正确答案:A

【试题解析】

《出租汽车驾驶员从业资格管理规定》第四十四条规定,"违反本规定,有下列行为之一的出租汽车经营者,由县级以上出租汽车行政主管部门责令改正,并处 1000 元以上 3000 元以下的罚款:

"(一)聘用未按规定办理注册手续的人员,驾驶出租汽车从事经营活动的;

"……"

故本题选 A。

41.依据《出租汽车驾驶员从业资格管理规定》,不按照规定组织实施继续教育的出租汽车经营者,由县级以上出租汽车行政主管部门责令改正,并处( )的罚款。

  A.1000 元以上 3000 元以下　　　　B.50 元以上 100 元以下

  C.1 万元以上 5 万元以下　　　　　　D.500 元以上 1000 元以下

正确答案:A

【试题解析】

《出租汽车驾驶员从业资格管理规定》第四十四条规定,"违反本规定,有下列行为之一的出租汽车经营者,由县级以上出租汽车行政主管部门责令改正,并处 1000 元以上 3000 元以下的罚款:

"……

"(二)不按照规定组织实施继续教育的。"

故本题选 A。

42.依据《网络预约出租汽车经营服务管理暂行办法》,网约车平台公司暂停或者终止运营的,应当提前( )日向服务所在地出租汽车行政主管部门书面报告,说明有关情况,通告提供服务的车辆所有人和驾驶员,并向社会公告。

  A.10　　　　B.15　　　　C.20　　　　D.30

正确答案:D

【试题解析】

《网络预约出租汽车经营服务管理暂行办法》第十一条规定,"网约车平台公司暂停或者终止运营的,应当提前 30 日向服务所在地出租汽车行政主管部门书面报告,说明有关情况,通告提供服务的车辆所有人和驾驶员,并向社会公告。终止经营的,应当将相应《网络预约出租汽车经营许可证》交回原许可机关。"

故本题选 D。

43.依据《网络预约出租汽车经营服务管理暂行办法》,( )应为乘客购买承运人责任险等相关保险,充分保障乘客权益。

  A.网约车平台公司　　　　　　　　B.网约车驾驶员

  C.网约车租赁公司　　　　　　　　D.行业协会

正确答案:A

【试题解析】

《网络预约出租汽车经营服务管理暂行办法》第二十三条规定,"网约车平台公司应当依法纳税,为乘客购买承运人责任险等相关保险,充分保障乘客权益。"

故本题选 A。

44.依据《网络预约出租汽车经营服务管理暂行办法》,提供服务驾驶员未取得《网络预约出租汽车驾驶员证》,或者线上提供服务驾驶员与线下实际提供服务驾驶员不一致的网约车平台公司,由县级以上出租汽车行政主管部门责令改正,对每次违法行为处以(　　)罚款;情节严重的,处以10000元以上30000元以下罚款。

  A.1000元以上3000元以下   B.5000元以上10000元以下

  C.3000元以上5000元以下   D.300元以上1000元以下

正确答案:B

【试题解析】

《网络预约出租汽车经营服务管理暂行办法》第三十五条规定,"网约车平台公司违反本规定,有下列行为之一的,由县级以上出租汽车行政主管部门和价格主管部门按照职责责令改正,对每次违法行为处以5000元以上10000元以下罚款;情节严重的,处以10000元以上30000元以下罚款:

"……

"(二)提供服务驾驶员未取得《网络预约出租汽车驾驶员证》,或者线上提供服务驾驶员与线下实际提供服务驾驶员不一致的;

"……"

故本题选B。

45.依据《网络预约出租汽车经营服务管理暂行办法》,未按照规定保证车辆技术状况良好的网约车平台公司,由县级以上出租汽车行政主管部门责令改正,对每次违法行为处以(　　)罚款;情节严重的,处以10000元以上30000元以下罚款。

  A.1000元以上3000元以下   B.5000元以上10000元以下

  C.3000元以上5000元以下   D.300元以上1000元以下

正确答案:B

【试题解析】

《网络预约出租汽车经营服务管理暂行办法》第三十五条规定,"网约车平台公司违反本规定,有下列行为之一的,由县级以上出租汽车行政主管部门和价格主管部门按照职责责令改正,对每次违法行为处以5000元以上10000元以下罚款;情节严重的,处以10000元以上30000元以下罚款:

"……

"(三)未按照规定保证车辆技术状况良好的;

"……"

故本题选B。

46.依据《网络预约出租汽车经营服务管理暂行办法》,网约车行驶里程达到(　　)万千米时强制报废。

  A.50   B.60   C.70   D.80

正确答案:B

【试题解析】

《网络预约出租汽车经营服务管理暂行办法》第三十九条规定,"网约车行驶里程达到60万千米时强制报废。行驶里程未达到60万千米但使用年限达到8年时,退出网约车经营。"

故本题选 B。

47.依据《巡游出租汽车经营服务管理规定》,(　　)应当建立车辆技术管理制度,按照车辆维护标准定期维护车辆。

A.巡游出租汽车车辆所有人　　　B.巡游出租汽车经营者
C.出租汽车行政主管部门　　　　D.巡游出租汽车驾驶员

正确答案:B

【试题解析】

《巡游出租汽车经营服务管理规定》第三十五条规定,"巡游出租汽车经营者应当建立车辆技术管理制度,按照车辆维护标准定期维护车辆。"

故本题选 B。

48.依据《巡游出租汽车经营服务管理规定》,起讫点均不在许可的经营区域从事巡游出租汽车经营活动的,由县级以上地方人民政府出租汽车行政主管部门责令改正,并处以(　　)罚款。构成犯罪的,依法追究刑事责任。

A.100元以上300元以下　　　　B.1000元以上2000元以下
C.3000元以上1万元以下　　　　D.5万以上10万元以下

正确答案:C

【试题解析】

《巡游出租汽车经营服务管理规定》第四十六条规定,"违反本规定,有下列行为之一的,由县级以上地方人民政府出租汽车行政主管部门责令改正,并处以3000元以上1万元以下罚款。构成犯罪的,依法追究刑事责任:

"(一)起讫点均不在许可的经营区域从事巡游出租汽车经营活动的;

"……"

故本题选 C。

49.依据《巡游出租汽车经营服务管理规定》,使用未取得道路运输证的车辆,擅自从事巡游出租汽车经营活动的,由县级以上地方人民政府出租汽车行政主管部门责令改正,并处以(　　)罚款。构成犯罪的,依法追究刑事责任。

A.100元以上300元以下　　　　B.1000元以上2000元以下
C.3000元以上1万元以下　　　　D.5万以上10万元以下

正确答案:C

【试题解析】

《巡游出租汽车经营服务管理规定》第四十六条规定,"违反本规定,有下列行为之一的,由县级以上地方人民政府出租汽车行政主管部门责令改正,并处以3000元以上1万元以下罚款。构成犯罪的,依法追究刑事责任:

"……

"(二)使用未取得道路运输证的车辆,擅自从事巡游出租汽车经营活动的;

"……"

故本题选C。

50.依据《巡游出租汽车经营服务管理规定》,不按照规定配置巡游出租汽车相关设备的,由县级以上地方人民政府出租汽车行政主管部门责令改正,并处以(　　)罚款。构成犯罪的,依法追究刑事责任。

  A.10元以上50元以下 B.100元以上500元以下
  C.1000元以上2000元以下 D.5000元以上1万元以下

正确答案:D

【试题解析】

《巡游出租汽车经营服务管理规定》第四十七条规定,"巡游出租汽车经营者违反本规定,有下列行为之一的,由县级以上地方人民政府出租汽车行政主管部门责令改正,并处以5000元以上1万元以下罚款。构成犯罪的,依法追究刑事责任:

"……

"(五)不按照规定配置巡游出租汽车相关设备的;

"……"

故本题选D。

51.依据《巡游出租汽车经营服务管理规定》,不按照规定建立并落实投诉举报制度的,由县级以上地方人民政府出租汽车行政主管部门责令改正,并处以(　　)罚款。构成犯罪的,依法追究刑事责任。

  A.10元以上50元以下 B.100元以上500元以下
  C.1000元以上2000元以下 D.5000元以上1万元以下

正确答案:D

【试题解析】

《巡游出租汽车经营服务管理规定》第四十七条规定,"巡游出租汽车经营者违反本规定,有下列行为之一的,由县级以上地方人民政府出租汽车行政主管部门责令改正,并处以5000元以上1万元以下罚款。构成犯罪的,依法追究刑事责任:

"……

"(六)不按照规定建立并落实投诉举报制度的。"

故本题选D。

52.依据《中华人民共和国道路交通安全法》,道路交通事故是指车辆在道路上因过错或者意外造成的人身伤亡或者财产损失的事件,下面哪一起事件属于道路交通事故?(　　)

A.4S 店在修理车间修车过程中由于举升器支撑不当导致车辆侧翻,维修人员受伤

B.出租汽车在城市道路上为了躲避障碍物导致发生车辆侧翻事故

C.拖拉机在田间耕作时失控坠落山谷,导致拖拉机受损、驾驶人受伤

D.某乘客在长途大巴上由于心脏病突发抢救无效死亡

正确答案:B

【试题解析】

《中华人民共和国道路交通安全法》第一百一十九条规定,"(一)'道路',是指公路、城市道路和虽在单位管辖范围但允许社会机动车通行的地方,包括广场、公共停车场等用于公众通行的场所。(二)'车辆',是指机动车和非机动车。(三)'机动车',是指以动力装置驱动或者牵引,上道路行驶的供人员乘用或者用于运送物品以及进行工程专项作业的轮式车辆。(四)'非机动车',是指以人力或者畜力驱动,上道路行驶的交通工具,以及虽有动力装置驱动但设计最高时速、空车质量、外形尺寸符合有关国家标准的残疾人机动轮椅车、电动自行车等交通工具。(五)'交通事故',是指车辆在道路上因过错或者意外造成的人身伤亡或者财产损失的事件。"

选项 ACD 均不符合道路交通事故定义,故本题选 B。

53.依据《中华人民共和国道路交通安全法》,在道路上发生交通事故,造成人身伤亡的,驾驶人应当( ),并迅速报告执勤的交通警察或者公安机关交通管理部门。

A.立即抢救受伤人员

B.迅速将车移动到停车场

C.撤离现场,自行协商处理损害赔偿事宜

D.先检查车辆受损情况

正确答案:A

【试题解析】

《中华人民共和国道路交通安全法》第七十条规定,"在道路上发生交通事故,车辆驾驶人应当立即停车,保护现场;造成人身伤亡的,车辆驾驶人应当立即抢救受伤人员,并迅速报告执勤的交通警察或者公安机关交通管理部门。……"

故本题选 A。

54.依据《中华人民共和国道路交通安全法》,在道路上发生交通事故,仅造成轻微财产损失,并且基本事实清楚的,当事人应当( )。

A.等待公安机关交通管理部门处理　　B.迅速将车移动到停车场

C.先撤离现场再进行协商处理　　D.先检查车辆受损情况

正确答案:C

【试题解析】

《中华人民共和国道路交通安全法》第七十条规定,"……在道路上发生交通事故,仅造成轻微财产损失,并且基本事实清楚的,当事人应当先撤离现场再进行协商处理。"

故本题选 C。

55.依据《中华人民共和国道路交通安全法》,饮酒后驾驶营运机动车的,处15日拘留,并处( )元罚款,吊销机动车驾驶证,5年内不得重新取得机动车驾驶证。

  A.10   B.100   C.5000   D.1万

正确答案:C

【试题解析】

《中华人民共和国道路交通安全法》第九十一条规定,"……饮酒后驾驶营运机动车的,处十五日拘留,并处五千元罚款,吊销机动车驾驶证,五年内不得重新取得机动车驾驶证。……"

故本题选 C。

56.依据《中华人民共和国道路交通安全法》,饮酒后驾驶营运机动车的,处15日拘留,并处5000元罚款,吊销机动车驾驶证,( )年内不得重新取得机动车驾驶证。

  A.1   B.3   C.5   D.10

正确答案:C

【试题解析】

《中华人民共和国道路交通安全法》第九十一条规定,"……饮酒后驾驶营运机动车的,处十五日拘留,并处五千元罚款,吊销机动车驾驶证,五年内不得重新取得机动车驾驶证。……"

故本题选 C。

57.依据《中华人民共和国道路交通安全法》,醉酒驾驶营运机动车的,由公安机关交通管理部门约束至酒醒,吊销机动车驾驶证,依法追究刑事责任;( )年内不得重新取得机动车驾驶证,重新取得机动车驾驶证后,不得驾驶营运机动车。

  A.1   B.3   C.5   D.10

正确答案:D

【试题解析】

《中华人民共和国道路交通安全法》第九十一条规定,"……醉酒驾驶营运机动车的,由公安机关交通管理部门约束至酒醒,吊销机动车驾驶证,依法追究刑事责任;十年内不得重新取得机动车驾驶证,重新取得机动车驾驶证后,不得驾驶营运机动车。……"

故本题选 D。

58.依据《机动车强制报废标准规定》,小、微型出租客运汽车使用年限为( )年。

  A.5   B.6   C.8   D.10

正确答案:C

【试题解析】

《机动车强制报废标准规定》第五条规定,"各类机动车使用年限分别如下:

"(一)小、微型出租客运汽车使用8年,中型出租客运汽车使用10年,大型出租客运汽车使用12年；

"……"

故本题选C。

59. 依据《机动车强制报废标准规定》，对小、微型出租客运汽车(纯电动汽车除外)，省、自治区、直辖市人民政府有关部门可结合本地实际情况，制定严于上述使用年限的规定，但小、微型出租客运汽车不得低于(　　)年。

　　A.4　　　　　　B.5　　　　　　C.6　　　　　　D.7

正确答案：C

【试题解析】

《机动车强制报废标准规定》第五条规定，"各类机动车使用年限分别如下：

"……

"对小、微型出租客运汽车(纯电动汽车除外)和摩托车，省、自治区、直辖市人民政府有关部门可结合本地实际情况，制定严于上述使用年限的规定，但小、微型出租客运汽车不得低于6年，正三轮摩托车不得低于10年，其他摩托车不得低于11年。"

故本题选C。

60. 根据《机动车运行安全技术条件》(GB 7258—2017)，机动车连续行驶距离不小于(　　)km，停车5min后观察，不应有滴漏现象。

　　A.5　　　　　　B.10　　　　　　C.15　　　　　　D.20

正确答案：B

【试题解析】

《机动车运行安全技术条件》(GB 7258—2017)第4节"整车"中第4.10条中规定，"机动车连续行驶距离不小于10km，停车5min后观察，不应有滴漏现象。"

故本题选B。

61. 依据《中华人民共和国道路交通安全法实施条例》，机动车的登记不包括以下哪种？(　　)

　　A.注册登记　　B.变更登记　　C.转移登记　　D.延期登记

正确答案：D

【试题解析】

《中华人民共和国道路交通安全法实施条例》第四条规定，"机动车登记，分为注册登记、变更登记、转移登记、抵押登记和注销登记。"

故本题选D。

62. 依据《中华人民共和国道路交通安全法实施条例》，初次申领机动车号牌、行驶证的，应当向(　　)申请注册登记。

　　A.机动车所有人住所地的公安机关交通管理部门
　　B.机动车所有人住所地的交通运输管理部门
　　C.全国任意的交通运输管理部门

D. 全国任意的公安机关交通管理部门

正确答案：A

【试题解析】

《中华人民共和国道路交通安全法实施条例》第五条规定，"初次申领机动车号牌、行驶证的，应当向机动车所有人住所地的公安机关交通管理部门申请注册登记。"

故本题选 A。

63. 依据《中华人民共和国道路交通安全法实施条例》，机动车所有人将机动车作为抵押物抵押的，（ ）应当向登记该机动车的公安机关交通管理部门申请抵押登记。

  A. 机动车所有人

  B. 银行

  C. 交通运输管理部门

  D. 抵押权人

正确答案：A

【试题解析】

《中华人民共和国道路交通安全法实施条例》第八条规定，"机动车所有人将机动车作为抵押物抵押的，机动车所有人应当向登记该机动车的公安机关交通管理部门申请抵押登记。"

故本题选 A。

64. 依据《中华人民共和国道路交通安全法实施条例》，机动车安全技术检验由（ ）实施。

  A. 机动车安全技术检验机构

  B. 机动车所有人

  C. 交通运输管理部门

  D. 公安机关交通管理部门

正确答案：A

【试题解析】

《中华人民共和国道路交通安全法实施条例》第十五条规定，"机动车安全技术检验由机动车安全技术检验机构实施。机动车安全技术检验机构应当按照国家机动车安全技术检验标准对机动车进行检验，对检验结果承担法律责任。"

故本题选 A。

65. 依据《中华人民共和国道路交通安全法》，对交通事故损害赔偿的争议，当事人可以请求（ ）调解，也可以直接向人民法院提起刑事诉讼。

  A. 人民法院

  B. 公安机关派出所

  C. 交通运输管理部门

D.公安机关交通管理部门

正确答案:D

【试题解析】

《中华人民共和国道路交通安全法》第七十四条规定,"对交通事故损害赔偿的争议,当事人可以请求公安机关交通管理部门调解,也可以直接向人民法院提起民事诉讼。经公安机关交通管理部门调解,当事人未达成协议或者调解书生效后不履行的,当事人可以向人民法院提起民事诉讼。"

故本题选 D。

66.依据《中华人民共和国道路交通安全法》,机动车与非机动车驾驶人、行人之间发生交通事故,机动车一方没有过错的,承担不超过(　　)的赔偿责任。

A.5%　　　　　　　　　　　B.10%

C.20%　　　　　　　　　　D.50%

正确答案:B

【试题解析】

《中华人民共和国道路交通安全法》第七十六条规定,"机动车发生交通事故造成人身伤亡、财产损失的,由保险公司在机动车第三者责任强制保险责任限额范围内予以赔偿;不足的部分,按照下列规定承担赔偿责任:

"……

"(二)机动车与非机动车驾驶人、行人之间发生交通事故,……机动车一方没有过错的,承担不超过百分之十的赔偿责任。……"

故本题选 B。

67.依据《中华人民共和国道路交通安全法实施条例》,机动车行驶中遇有除下列(　　)情形的,最高行驶速度不得超过每小时30公里。

A.进出非机动车道,通过铁路道口、急弯路、窄路、窄桥时

B.掉头、转弯、下陡坡时

C.遇雾、雨、雪、沙尘、冰雹,能见度在50米以内时

D.在限速每小时40公里的城市道路正常行驶时

正确答案:D

【试题解析】

《中华人民共和国道路交通安全法实施条例》第四十六条规定,"机动车行驶中遇有下列情形之一的,最高行驶速度不得超过每小时30公里,其中拖拉机、电瓶车、轮式专用机械车不得超过每小时15公里:

"(一)进出非机动车道,通过铁路道口、急弯路、窄路、窄桥时;

"(二)掉头、转弯、下陡坡时;

"(三)遇雾、雨、雪、沙尘、冰雹,能见度在50米以内时;

"……"

ABC 选项均有涉及,故本题选 D。

68.依据《中华人民共和国道路交通安全法实施条例》,关于机动车驾驶行为,以下说法正确的是( )。

  A.可在机动车驾驶室的前后窗范围内悬挂、放置妨碍驾驶人视线的物品

  B.不能有拨打接听手持电话、观看电视等妨碍安全驾驶的行为

  C.连续驾驶机动车超过4小时未停车休息或者停车休息时间少于20分钟

  D.下陡坡时熄火或者空挡滑行

正确答案:B

【试题解析】

《中华人民共和国道路交通安全法实施条例》第六十二条规定,"驾驶机动车不得有下列行为:

"(一)在车门、车厢没有关好时行车;

"(二)在机动车驾驶室的前后窗范围内悬挂、放置妨碍驾驶人视线的物品;

"(三)拨打接听手持电话、观看电视等妨碍安全驾驶的行为;

"……

"(七)连续驾驶机动车超过4小时未停车休息或者停车休息时间少于20分钟;

"……"

ACD 选项均不正确,故本题选 B。

69.依据《中华人民共和国道路交通安全法实施条例》,在高速公路上行驶的小型载客汽车最高车速不得超过每小时( )公里。

  A.80   B.100   C.120   D.140

正确答案:C

【试题解析】

《中华人民共和国道路交通安全法实施条例》第七十八条规定,"在高速公路上行驶的小型载客汽车最高车速不得超过每小时120公里,其他机动车不得超过每小时100公里,摩托车不得超过每小时80公里。"

故本题选 C。

70.依据《中华人民共和国道路交通安全法实施条例》,机动车在高速公路上行驶,下列行为错误的是( )。

  A.不得倒车、逆行、穿越中央分隔带掉头或者在车道内停车

  B.可在匝道、加速车道或者减速车道上超车

  C.不得骑、轧车行道分界线或者在路肩上行驶

  D.不得在非紧急情况时在应急车道行驶或者停车

正确答案:B

【试题解析】

《中华人民共和国道路交通安全法实施条例》第八十二条规定,"机动车在高速公路上行驶,不得有下列行为:

"(一)倒车、逆行、穿越中央分隔带掉头或者在车道内停车;

"……

"(三)骑、轧车行道分界线或者在路肩上行驶;

"(四)非紧急情况时在应急车道行驶或者停车;

"……"

ACD 选项均正确,故本题选 B。

71.根据《城市公共设施 电动汽车充换电设施运营管理服务规范》,突发事件应急预案不包括(　　)。

  A.运营突发事件应急预案,应对设施设备故障、火灾、断电等情况

  B.自然灾害应急预案,应对地震、台风、雨涝等情况

  C.公共安全应急预案,应对人为纵火、爆炸等情况

  D.消防安全管理制度

正确答案:D

【试题解析】

《城市公共设施 电动汽车充换电设施运营管理服务规范》(GB/T 37293—2019)第7.6.3节"应急管理"中第7.6.3.2条规定,"应编制突发事件应急预案,应急预案编制应科学合理、内容完备,针对性和操作性强,并定期进行演练。应急预案主要包括但不限于:

"a)运营突发事件应急预案,应对设施设备故障、火灾、断电等情况;

"b)自然灾害应急预案,应对地震、台风、雨涝、冰雪灾害和地质灾害等情况;

"c)公共安全应急预案,应对人为纵火、爆炸等情况。"

故本题选 D。

72.依据《巡游出租汽车经营服务管理规定》,在以下选项中,不属于巡游出租汽车经营者应当遵守的规定是(　　)。

  A.保证营运车辆性能良好

  B.按照国家相关标准运营服务

  C.加强从业人员管理和培训教育

  D.可将巡游出租汽车交给未经从业资格注册的人员运营

正确答案:D

【试题解析】

《巡游出租汽车经营服务管理规定》第二十一条规定,"巡游出租汽车经营者应当遵守下列规定:

"……

"(二)保证营运车辆性能良好;

"(三)按照国家相关标准运营服务;

"……

"(五)加强从业人员管理和培训教育;

"(六)不得将巡游出租汽车交给未经从业资格注册的人员运营。"

故本题选 D。

73. 依据《网络预约出租汽车经营服务管理暂行办法》,关于拟从事网约车经营的车辆应当符合的条件,下列说法不正确的是( )。

    A. 5 座及以下乘用车

    B. 安装具有行驶记录功能的车辆卫星定位装置

    C. 车辆技术性能符合运营安全相关标准要求

    D. 安装应急报警装置

正确答案:A

【试题解析】

《网络预约出租汽车经营服务管理暂行办法》第十二条规定,"拟从事网约车经营的车辆,应当符合以下条件:

"(一)7 座及以下乘用车;

"(二)安装具有行驶记录功能的车辆卫星定位装置、应急报警装置;

"(三)车辆技术性能符合运营安全相关标准要求。

"……"

故本题选 A。

74. 依据《网络预约出租汽车经营服务管理暂行办法》,关于拟从事网约车服务的驾驶员应符合的条件,下列说法不正确的是( )。

    A. 无交通肇事犯罪,无危险驾驶犯罪记录

    B. 无暴力犯罪记录

    C. 无吸毒记录,无饮酒后驾驶记录

    D. 最近连续 2 个记分周期内没有记满 12 分记录

正确答案:D

【试题解析】

《网络预约出租汽车经营服务管理暂行办法》第十四条规定,"从事网约车服务的驾驶员,应当符合以下条件:

"(一)取得相应准驾车型机动车驾驶证并具有 3 年以上驾驶经历;

"(二)无交通肇事犯罪、危险驾驶犯罪记录,无吸毒记录,无饮酒后驾驶记录,最近连续 3 个记分周期内没有记满 12 分记录;

"(三)无暴力犯罪记录;

"……"

故本题选 D。

75. 根据《出租汽车运营服务规范》中对行车安全的要求,下列说法不正确的是( )。

　　A. 遇情况不明、视线不良、起步会车、交叉路口、危险和繁华地段时,应减速慢行

　　B. 遇雨、雾、风沙天气时,应注意路面情况与行人、车辆动态,打开灯光,减速慢行,延长车距,尽量避免超车

　　C. 雪中行车时,轮胎加装防滑链后可正常高速行驶

　　D. 通过凹凸不平路段时,应紧握转向盘,低速行驶

正确答案:C

【试题解析】

《出租汽车运营服务规范》(GB/T 22485—2021)第8.2节"驾驶员行车安全"中第8.2.2条规定:

"8.2.2.1　遇情况不明、视线不良、起步会车、交叉路口、危险和繁华地段时,应减速慢行。

"8.2.2.2　遇雨、雾、风沙天气时,应注意路面情况与行人、车辆动态,打开灯光,减速慢行,延长车距,尽量避免超车。

"8.2.2.3　雪中行车时,宜沿已有车辙低速行驶,避免急加速或急减速。

"……

"8.2.2.6　通过凹凸不平路段时,应紧握转向盘,低速行驶。

"……"

选项 ABD 均正确,故本题选 C。

76. 依据《网络预约出租汽车经营服务管理暂行办法》,关于网约车平台公司应当保证提供服务车辆具备的条件,下列说法不正确的是( )。

　　A. 具备合法营运资质

　　B. 技术状况良好

　　C. 安全性能可靠

　　D. 可具有非营运车辆相关保险

正确答案:D

【试题解析】

《网络预约出租汽车经营服务管理暂行办法》第十七条规定,"网约车平台公司应当保证提供服务车辆具备合法营运资质,技术状况良好,安全性能可靠,具有营运车辆相关保险,保证线上提供服务的车辆与线下实际提供服务的车辆一致,并将车辆相关信息向服务所在地出租汽车行政主管部门报备。"

选项 ABC 均正确,故本题选 D。

77. 依据《出租汽车驾驶员从业资格管理规定》,出租汽车经营者应当建立学员培训档案,下列不属于档案纳入范围的是( )。

A. 继续教育计划　　　　　　　　B. 继续教育师资情况
C. 继续教育大纲　　　　　　　　D. 参培学员登记表

正确答案:C

【试题解析】

《出租汽车驾驶员从业资格管理规定》第二十九条规定,"出租汽车经营者应当建立学员培训档案,将继续教育计划、继续教育师资情况、参培学员登记表等纳入档案管理,并接受出租汽车行政主管部门的监督检查。"

选项 ABD 均涉及,故本题选 C。

78. 依据《网络预约出租汽车运营服务规范》,网络预约出租汽车经营者接受约车人提交的订单,订单信息中不应包括的是( )。

A. 乘客用车时间

B. 乘客上下车地点

C. 约车人或乘客联系方式

D. 乘客性别

正确答案:D

【试题解析】

《网络预约出租汽车运营服务规范》(JT/T 1068—2016)第7.1节规定,"接受约车人提交的订单,订单信息应包括但不限于:

"a. 乘客用车时间;

"b. 乘客上下车地点;

"c. 乘客对车辆类型、驾驶员服务质量等级等提出的个性化需求;

"d. 约车人或乘客联系方式。"

选项 ABC 均涉及,故本题选 D。

79. 根据《出租汽车运营服务规范》,出租汽车行李厢可供乘客放置行李物品的空间不应少于行李厢的( )。

A. 三分之一　　　B. 四分之一　　　C. 三分之二　　　D. 二分之一

正确答案:C

【试题解析】

《出租汽车运营服务规范》(GB/T 22485—2021)第5.2.4条规定,"行李厢应整洁,照明有效,开启装置完好。清洁物品摆放应有序,不对乘客外露。行李厢内可供乘客放置行李物品的空间应不少于行李厢的三分之二。"

故本题选 C。

80. 根据《出租汽车运营服务规范》,以下不属于出租汽车驾驶员文明用语的是( )。

A. 很高兴为您服务　　　　　　　B. 请系好安全带
C. 赶紧下车　　　　　　　　　　D. 请对我的服务进行评价

正确答案:C

【试题解析】

选项 ABD 均属于文明用语,故本题选 C。

81. 根据《出租汽车运营服务规范》,以下不属于出租汽车驾驶员文明用语的是( )。

   A. 请问您需要帮忙吗
   B. 请带好行李
   C. 请拿好发票
   D. 别耽误我做生意

正确答案:D

【试题解析】

选项 ABC 均属于文明用语,故本题选 D。

82. 根据《出租汽车运营服务规范》,以下不属于出租汽车驾驶员服务规范的是( )。

   A. 乘客上车时,车辆应与道路平行靠边停靠,并引导乘客由右侧上车
   B. 应在允许停车路段、地点或服务站点停车载客
   C. 乘客携带行李时,应主动协助其将行李放入行李厢内
   D. 可未经乘客同意招揽其他乘客

正确答案:D

【试题解析】

《出租汽车运营服务规范》(GB/T 22485—2021)第 7.2 节规定:

"7.2.1 应在允许停车路段、地点或服务站点停车载客、候客或等候订单,不应有拒载行为。

"7.2.2 乘客上车时,车辆应与道路平行靠边停靠,并引导乘客由右侧上车。

"7.2.3 乘客携带行李时,应主动协助其将行李放入行李厢内。行李厢应由驾驶员开启和锁闭。

"……

"7.2.6 未经乘客同意,不应招揽他人同乘。

"……"

选项 ABC 均涉及,故本题选 D。

83. 按照《出租汽车运营服务规范》,以下不属于出租汽车驾驶员服务规范的是( )。

   A. 应主动协助老、幼、病、残、孕等乘客上下车
   B. 乘客上车后,应面向乘客主动问候,提醒并在必要时协助乘客系好安全带
   C. 应根据乘客意愿升降车窗玻璃、使用音响等相关服务设备
   D. 可不经乘客同意改变原行驶路线

正确答案:D

【试题解析】

《出租汽车运营服务规范》(GB/T 22485—2021)第 7.2 节规定:

"……

"7.2.4 应主动协助老、幼、病、残、孕等乘客上下车。

"7.2.5 乘客上车后,应面向乘客主动问候。提醒并在必要时协助乘客系好安全带。

"……

"7.2.7 不应绕路。运营中遇交通堵塞、道路临时封闭等需改变原行驶路线时,需征得乘客同意。

"7.2.8 应根据乘客意愿升降车窗玻璃、使用音响、视频和空调等相关服务设备。

"……"

选项ABC均涉及,故本题选D。

84.依据《出租汽车驾驶员从业资格管理规定》,下列不符合从事出租汽车驾驶员条件的是(　　)。

  A.无犯罪记录

  B.取得相应准驾车型机动车驾驶证并具有3年以上驾驶经历

  C.无交通肇事犯罪、危险驾驶犯罪记录,无吸毒记录,无饮酒后驾驶记录

  D.最近连续3个记分周期内没有记满12分记录

正确答案:A

【试题解析】

《出租汽车驾驶员从业资格管理规定》第十条规定,"申请参加出租汽车驾驶员从业资格考试的,应当符合下列条件:

"(一)取得相应准驾车型机动车驾驶证并具有3年以上驾驶经历;

"(二)无交通肇事犯罪、危险驾驶犯罪记录,无吸毒记录,无饮酒后驾驶记录,最近连续3个记分周期内没有记满12分记录;

"(三)无暴力犯罪记录;

"……"

选项BCD均涉及,故本题选A。

85.根据《出租汽车运营服务规范》,关于出租汽车车辆管理,下列说法不正确的是(　　)。

  A.出租汽车车辆配备灭火器、安全锤、故障警示牌等安全设施设备

  B.车辆应按要求安装车辆卫星定位装置、应急报警装置

  C.出租汽车车辆可自行改装后到管理部门备案

  D.应定期检查车辆,并建立完整的车辆维修、保养记录

正确答案:C

【试题解析】

根据《出租汽车运营服务规范》(GB/T 22485—2021)要求,ABD选项均正确,而出租汽车车辆不得自行改装,故本题选C。

86.在实际驾驶过程中,当出租汽车驾驶员遇到暴雨天气时,以下说法错误的是(　　)。

  A.打开近光灯和示廓灯,并将刮水器调到快

  B.当靠刮水器难以改善视线时,选择安全地点停车

C.降低车速,尽量避免通过积水路段

D.应加速将乘客送往目的地

正确答案:D

【试题解析】

雨天直接影响行车安全的因素是视线受阻和路面湿滑。车轮与路面间的附着力降低,车辆制动或转向时,很容易发生侧滑。因此,需要:①及早打开刮水器,根据雨量的大小调节刮水器的挡位,尽量保持视线清晰;②控制车速,不要紧急制动或急转方向,要充分利用发动机制动减速;③遇到行人、骑车人时,提前减速、鸣喇叭,与其保持安全距离,避免行人、骑车人突然窜到行车道上,转向或滑倒发生交通事故;④暴雨天,刮水器难以刮净雨水以致视线受阻时,应立即选择安全地点停车,同时开启危险报警闪光灯,不得强行驾驶。

选项 ABC 均正确,故本题选 D。

87.在实际驾驶过程中,当出租汽车驾驶员遇到冰雪路面时,以下说法正确全面的是( )。

A.尽可能在车轮上加装防滑链

B.跟车行驶时,与前车保持足够的纵向安全距离

C.降低车速,切忌紧急制动

D.以上都是

正确答案:D

【试题解析】

冰雪路面,道路溜滑,车辆制动距离增加,制动和转向时车辆容易侧滑,由于积雪对日光反射强烈,极易造成驾驶员眩目。①有条件的,尽可能在车轮上加装防滑链,驾驶员应佩戴合适的墨镜;②如果起步时车轮打滑及空转,应清除车轮下的冰雪,在驱动轮下铺垫沙土、炉渣等防滑材料;③跟车行驶时,与前车保持足够的纵向安全距离,注意观察前车的动态,前车制动减速时,应采用间歇制动和发动机制动的方法减速,切忌紧急制动;④会车时,应提前减速并靠右侧行驶,保持足够的横向安全距离。超车时,选择较宽的路段,在确认前车让超车后,在保证安全的情况下谨慎超车。

选项 ABC 均正确,故本题选 D。

88.在实际驾驶过程中,当出租汽车驾驶员遇到大雾天气时,以下说法错误的是( )。

A.及时开启前雾灯和示廓灯,浓雾时还应打开近光灯和危险报警闪光灯

B.在浓雾中行驶,应多鸣喇叭引起行人、非机动车和车辆的注意

C.前车行驶较慢时,可加速超车

D.严格控制车速,适当加大与前车的纵向安全距离

正确答案:C

【试题解析】

雾天由于能见度低,驾驶员的视线缩短、视野变窄、视线模糊,极易发生交通事故。

①及时开启前雾灯及示廓灯,能见度小于50米时可打开后雾灯,浓雾时还应打开近光灯和危险报警闪光灯;②严格控制车速,适当加大与前车的纵向安全距离;③会车时,要选择较宽的路段,关闭雾灯并适当鸣喇叭,提前减速并靠右侧行驶,保持足够的横向安全距离;④严禁超车,如果前车靠路边停驶,应在确认其没有起步意图时,适当鸣喇叭低速绕过;⑤在浓雾中行驶,还应多鸣喇叭引起行人、非机动车和车辆的注意,听到对向车辆鸣喇叭时要及时回应。

选项ABD均正确,故本题选C。

89.在实际驾驶过程中,当城市客运车辆遇到暴雨天气时,以下说法正确全面的是(　　)。

A.打开近光灯和示廓灯,并将刮水器调到快

B.当靠刮水器难以改善视线时,选择安全地点停车

C.降低车速,尽量避免通过积水路段

D.以上都是

正确答案:D

【试题解析】

雨天直接影响行车安全的因素是视线受阻和路面湿滑。车轮与路面间的附着力降低,车辆制动或转向时,很容易发生侧滑。因此,需要:①及早打开刮水器,根据雨量的大小调节刮水器的挡位,尽量保持视线清晰;②控制车速,不要紧急制动或急转方向,要充分利用发动机制动减速;③遇到行人、骑车人时,提前减速、鸣喇叭,与其保持安全距离,避免行人、骑车人突然窜到行车道上、转向或滑倒发生交通事故;④暴雨天,刮水器难以刮净雨水以致视线受阻时,应立即选择安全地点停车,同时开启危险报警闪光灯,不得强行驾驶。

选项ABC均正确,故本题选D。

90.以下不属于雨天行车前,驾驶员需检查的是(　　)。

A.检查刮水器　　　　　　B.检查玻璃除雾装置

C.检查汽车制动　　　　　D.携带防冻、取暖用品

正确答案:D

【试题解析】

雨天直接影响行车安全的因素是视线受阻和路面湿滑。车轮与路面间的附着力降低,车辆制动或转向时,很容易发生侧滑。因此,需主要检查刮水器、制动、玻璃除雾等装置。

选项ABC均正确,故本题选D。

91.依据《出租汽车驾驶员从业资格管理规定》,关于出租汽车驾驶员继续教育,下列说法正确的是(　　)。

A.继续教育由出租汽车经营者组织实施

B.继续教育由行业管理部门组织实施

C.继续教育由驾驶员自行完成

D.继续教育由行业协会组织实施

正确答案：A

【试题解析】

《出租汽车驾驶员从业资格管理规定》第二十六条规定，"出租汽车驾驶员继续教育由出租汽车经营者组织实施。"

故本题选 A。

92. 依据《机动车强制报废标准规定》，出租汽车企业应当执行国家机动车强制报废管理规定，小、微型出租客运汽车使用年限为(　　)年。

  A.6   B.8   C.10   D.15

正确答案：B

【试题解析】

《机动车强制报废标准规定》第五条规定，"小、微型出租客运汽车使用8年，中型出租客运汽车使用10年，大型出租客运汽车使用12年。"

故本题选 B。

93. 关于出租汽车出车前绕车检查内容，不包括的是(　　)。

  A. 车辆外观，包括车灯有无破损，车辆牌号是否清晰

  B. 轮胎，包括轮胎气压是否正常，有无液体渗漏现象

  C. 车辆周边环境，包括车辆周围及车底是否有影响车辆正常通行的障碍物

  D. 车辆卫星定位装置是否完好可用

正确答案：D

【试题解析】

出车前，驾驶员要养成绕车检查的习惯。绕车检查过程中，驾驶员要检查车辆外观、车辆周围及车底是否有妨碍驾驶的安全隐患，待确认安全后方可上车。绕车检查的内容包括：①车辆外观，包括车灯有无破损，车辆牌号是否清晰等；②轮胎，包括轮胎气压是否正常，有无液体渗漏现象；③车辆周边环境，包括车辆周围及车底是否有影响车辆正常通行的障碍物。

选项 ABC 均正确，故本题选 D。

94. 关于出租汽车安全装置检查，以下说法错误的是(　　)。

  A. 安全带伸缩自如，自动锁止功能正常

  B. 灭火器可忽略有效期，只要外观及压力表完好即可

  C. 车门处于正常开闭状态，车窗升降功能有效

  D. 应急报警装置和具有行驶记录功能的车辆卫星定位装置完好有效

正确答案：B

【试题解析】

出租汽车安全装置检查内容包括：①应急报警装置和具有行驶记录功能的车辆卫星定位装置完好有效；②车门处于正常开闭状态，车窗升降功能有效；③音视频监控系统车载终端状态良好；④灭火器在有效期内，压力表完好且指针处于绿色区域，铅封完好，喷管无老

化;⑤安全带伸缩自如,自动锁止功能正常。

选项 ACD 均正确,故本题选 B。

95.依据《出租汽车驾驶员从业资格管理规定》,关于出租汽车驾驶员继续教育内容,不包括的是( )。

A.出租汽车安全运营和节能减排知识

B.出租汽车驾驶员的社会责任和职业道德

C.出租汽车驾驶员相关服务规范

D.出租汽车驾驶员从业条件

正确答案:D

【试题解析】

《出租汽车驾驶员从业资格管理规定》第二十五条规定,"交通运输部统一制定出租汽车驾驶员继续教育大纲并向社会公布。继续教育大纲内容包括出租汽车相关政策法规、社会责任和职业道德、服务规范、安全运营和节能减排知识等。"

选项 ABC 均有涉及,故本题选 D。

96.依据《出租汽车驾驶员从业资格管理规定》,出租汽车驾驶员在运营过程中,不得有下列行为,不包括的是( )。

A.途中甩客或者故意绕道行驶

B.按照乘客意愿选择驾驶路线

C.对举报、投诉其服务质量或者对其服务作出不满意评价的乘客实施报复

D.未经乘客同意搭载其他乘客

正确答案:B

【试题解析】

《出租汽车驾驶员从业资格管理规定》第四十条规定,"出租汽车驾驶员在运营过程中,应当遵守国家对驾驶员在法律法规、职业道德、服务规范、安全运营等方面的资格规定,文明行车、优质服务。出租汽车驾驶员不得有下列行为:

"(一)途中甩客或者故意绕道行驶;

"……

"(四)未经乘客同意搭载其他乘客;

"……

"(九)对举报、投诉其服务质量或者对其服务作出不满意评价的乘客实施报复。"

选项 ACD 均有涉及,B 项为正确的选项,并非不得出现的行为,故本题选 B。

97.依据《出租汽车驾驶员从业资格管理规定》,( )应当建立出租汽车驾驶员从业资格管理档案。

A.出租汽车行政主管部门

B.道路运输管理机构

C. 出租汽车驾驶员教育培训机构

D. 公安机关

正确答案:A

【试题解析】

《出租汽车驾驶员从业资格管理规定》第三十七条规定,"出租汽车行政主管部门应当建立出租汽车驾驶员从业资格管理档案。出租汽车驾驶员从业资格管理档案包括:从业资格考试申请材料、从业资格证申请、注册及补(换)发记录、违法行为记录、交通责任事故情况、继续教育记录和服务质量信誉考核结果等。"

故本题选A。

98.依据《出租汽车驾驶员从业资格管理规定》,关于出租汽车驾驶员从业资格管理档案,不包括的是( )。

A. 从业资格考试申请材料

B. 继续教育记录和服务质量信誉考核结果

C. 学历证明

D. 违法行为记录、交通责任事故情况

正确答案:C

【试题解析】

《出租汽车驾驶员从业资格管理规定》第三十七条规定,"出租汽车行政主管部门应当建立出租汽车驾驶员从业资格管理档案。出租汽车驾驶员从业资格管理档案包括:从业资格考试申请材料、从业资格证申请、注册及补(换)发记录、违法行为记录、交通责任事故情况、继续教育记录和服务质量信誉考核结果等。"

选项ABD均有涉及,故本题选C。

99.根据《出租汽车运营服务规范》,关于巡游出租汽车驾驶员可拒载的情形,下列说法错误的是( )。

A. 乘客携带易燃、易爆、有毒有害、放射性等违禁物品乘车

B. 乘客在禁止停车的路段扬手招车

C. 醉酒者、精神病患者等在有人陪同或监护下乘车

D. 乘客目的地超出省、市、县境或夜间去偏僻地区而不按规定办理登记或相关手续

正确答案:C

【试题解析】

《出租汽车运营服务规范》(GB/T 22485—2021)第7.2节"运营过程"中7.2.12条规定,"遇下列情形,可拒绝提供出租汽车运营服务:

"a)乘客携带易燃、易爆、有毒有害、放射性、传染性等违禁物品乘车;

"b)醉酒者、精神病患者等在无人陪同或监护下乘车;

"c)携带影响车内卫生条件的物品和动植物;

"d)携带行李超过行李厢容积。"

C 选项错在"有人陪同或监护",与标准原文不符,故本题选 C。

100. 出租汽车车辆在行驶过程中发生起火,下列说法错误的是(　　)。

　　A. 将车辆停在远离加油站、建筑物、高压电线等易燃易爆物品的空旷地带
　　B. 逃离火灾前,关闭发动机点火开关、电源总开关,设法与乘客迅速逃离驾驶室
　　C. 及时报警,视火情采取合适的灭火措施
　　D. 当火焰逼近,无法躲避时,应用衣服扑火并高声呼喊求救

正确答案:D

【试题解析】

出租汽车车辆在行驶过程中发生起火,当火焰逼近无法躲避时,应及早脱去化纤类衣服,注意保护裸露的皮肤,不要张嘴呼吸或高声呼喊,以免烟火灼伤上呼吸道。

故本题选 D。

101. 依据《网络预约出租汽车经营服务管理暂行办法》,关于网约车车辆报废相关规定,下列说法错误的是(　　)。

　　A. 网约车行驶里程达到 60 万千米时强制报废
　　B. 网约车车辆使用年限达到 8 年时强制报废
　　C. 网约车行驶里程未达到 60 万千米但使用年限达到 8 年时,退出网约车经营
　　D. 小、微型非营运载客汽车登记为预约出租客运的,按照网约车报废标准报废

正确答案:B

【试题解析】

《网络预约出租汽车经营服务管理暂行办法》第三十九条规定,"网约车行驶里程达到 60 万千米时强制报废。行驶里程未达到 60 万千米但使用年限达到 8 年时,退出网约车经营。小、微型非营运载客汽车登记为预约出租客运的,按照网约车报废标准报废。其他小、微型营运载客汽车登记为预约出租客运的,按照该类型营运载客汽车报废标准和网约车报废标准中先行达到的标准报废。"

选项 ACD 均正确,故本题选 B。

102. 依据《巡游出租汽车经营服务管理规定》,关于巡游出租汽车车辆技术管理制度,下列说法正确的是(　　)。

　　A. 巡游出租汽车经营者应当建立车辆技术管理制度
　　B. 巡游出租汽车驾驶员应当建立车辆技术管理制度
　　C. 出租汽车行政主管部门应当建立车辆技术管理制度
　　D. 出租汽车协会应当建立车辆技术管理制度

正确答案:A

【试题解析】

《巡游出租汽车经营服务管理规定》第三十五条规定,"巡游出租汽车经营者应当建立

车辆技术管理制度,按照车辆维护标准定期维护车辆。"

故本题选 A。

103. 关于出租汽车驾驶员在起步及停车时,下列说法不正确的是(　　)。

  A. 车辆起步和停车前一定要提前观察路况并开启转向灯

  B. 停车时应尽量靠近道路右侧边缘,引导乘客从右侧车门上下车

  C. 遇到乘客扬手召唤时,应马上停车,不用考虑周围路况

  D. 在交叉路口等候交通信号灯或因拥堵停车时,劝阻乘客不要在道路中央下车

正确答案:C

【试题解析】

驾驶员在接送乘客时,车辆起步和停车特别频繁,很多交通事故因驾驶员在起步和停车时观察不仔细而发生,因此,驾驶员在停车和起步时要多观察。①车辆起步和停车前一定要提前观察路况并开启转向灯;②停车时尽量靠近道路右侧边缘,引导乘客从右侧车门上下车,尤其在乘客下车时,驾驶员要用右侧后视镜观察并提醒乘客注意后方情况,避免与同方向非机动车和行人发生碰撞;③遇有乘客扬手召唤时,先观察路况再靠边停车,不得强行停靠或强行并线,避免与同方向车辆和非机动车发生碰撞;④在交叉路口等候交通信号灯或因拥堵停车时,劝阻乘客不要在道路中央下车。

选项 ABD 均正确,故本题选 C。

104. 车辆安全例检的外观检查中,打开前风窗玻璃刮水器开关,刮水器各挡位应工作正常,关闭刮水器时刮片应能(　　)。

  A. 立即停止

  B. 自动停止在右侧

  C. 自动停止在左侧

  D. 自动返回到初始位置

正确答案:D

【试题解析】

汽车刮水器内部有一个双向常闭限位开关,当关掉刮水器时,刮水器并不会立即停下,由于限位开关的作用,电路依然接通,刮水器刮片仍然动作,只有刮水器刮片返回初始位触碰到限位开关时,常闭限位开关才断开停电,刮水器停止工作。

故本题选 D。

105. 关于出租汽车驾驶员雨天行车注意事项,下列说法不正确的是(　　)。

  A. 及早打开刮水器,根据雨量的大小调节刮水器挡位,尽量保持视线清晰

  B. 控制车速,可紧急制动

  C. 遇到行人、骑车人时,提前减速、鸣喇叭,与其保持安全距离,避免发生交通事故

  D. 暴雨天,刮水器难以刮净雨水以致视线受阻时,应立即选择安全地点停车,同时开启危险报警闪光灯,谨慎驾驶

正确答案：B

【试题解析】

雨天直接影响行车安全的因素是视线受阻和路面湿滑。车轮与路面间的附着力降低，车辆制动或转向时，很容易发生侧滑。因此，需要：①及早打开刮水器，根据雨量的大小调节刮水器的挡位，尽量保持视线清晰；②控制车速，不要紧急制动或急转方向，要充分利用发动机制动减速；③遇到行人、骑车人时，提前减速、鸣喇叭，与其保持安全距离，避免行人、骑车人突然闯到行车道上、转向或滑倒发生交通事故；④暴雨天，刮水器难以刮净雨水以致视线受阻时，应立即选择安全地点停车，同时开启危险报警闪光灯，不得强行驾驶。

选项ACD均正确，故本题选B。

106. 关于出租汽车驾驶员冰雪路面行车注意事项，下列说法不正确的是（　　）。

　　A. 有条件的，尽可能在车轮上加装防滑链

　　B. 如果起步时车轮打滑及空转，应清除车轮下的冰雪，在驱动轮下铺垫沙土等防滑材料

　　C. 跟车行驶时，与前车保持足够的纵向安全距离，注意观察前车动态，前车制动减速时，应采用间歇制动和发动机制动的方法减速，切忌紧急制动

　　D. 会车时，应提前减速并靠左行驶，保持足够的横向安全距离

正确答案：D

【试题解析】

冰雪路面，道路溜滑，车辆制动距离增加，制动和转向时车辆容易侧滑，由于积雪对日光反射强烈，极易造成驾驶员眩目。①有条件的，尽可能在车轮上加装防滑链，驾驶员应佩戴合适的墨镜；②如果起步时车轮打滑及空转，应清除车轮下的冰雪，在驱动轮下铺垫沙土、炉渣等防滑材料；③跟车行驶时，与前车保持足够的纵向安全距离，注意观察前车的动态，前车制动减速时，应采用间歇制动和发动机制动的方法减速，切忌紧急制动；④会车时，应提前减速并靠右侧行驶，保持足够的横向安全距离。超车时，选择较宽的路段，在确认前车让超车后，在保证安全的情况下谨慎超车。

故本题选D。

107. 关于出租汽车驾驶员雾天行车注意事项，下列说法不正确的是（　　）。

　　A. 及时开启前后雾灯及示廓灯，浓雾时还应打开近光灯和危险报警闪光灯

　　B. 严格控制车速，适当加大与前车的纵向安全距离

　　C. 会车时，要选择较宽的路段，加速快速通过，保持足够的横向安全距离

　　D. 在浓雾中行驶，应多鸣喇叭引起行人、非机动车和车辆的注意

正确答案：C

【试题解析】

雾天由于能见度低，驾驶员的视线缩短、视野变窄、视线模糊，极易发生交通事故。①及时开启前雾灯及示廓灯，能见度小于50米时可打开后雾灯，浓雾时还应打开近光灯

和危险报警闪光灯;②严格控制车速,适当加大与前车的纵向安全距离;③会车时,要选择较宽的路段,关闭雾灯并适当鸣喇叭,提前减速并靠右侧行驶,保持足够的横向安全距离;④严禁超车,如果前车靠路边停驶,应在确认其没有起步意图时,适当鸣喇叭低速绕过;⑤在浓雾中行驶,还应多鸣喇叭引起行人、非机动车和车辆的注意,听到对向车辆鸣喇叭时要及时回应。

选项 ABD 均正确,故本题选 C。

108. 关于出租汽车驾驶员隧道行车注意事项,下列说法不正确的是(　　)。

　　A. 驶近隧道时,及时开启前照灯、示廓灯和尾灯,按照隧道口前的限速规定调整车速,并通过车速表确认

　　B. 驶入隧道后,应将视线注意点移到远处,不要盯着隧道两侧壁,同时保持与前车纵向安全距离

　　C. 可在隧道内随意变更车道、超车和停车

　　D. 驶出隧道时,车辆可能会受到横风的影响而偏移,此时应握紧转向盘,通过微调转向盘控制车辆的行驶方向

正确答案:C

【试题解析】

隧道环境较为密闭,内部光线较暗,行车环境相对较差,驾驶员应小心谨慎,减速慢行。①驶近隧道时,及时开启前照灯、示廓灯和尾灯,按照隧道口前的限速规定调整车速,并通过车速表确认;②驶入隧道后,驾驶员应将视线注意点移到远处,不要盯着隧道两侧壁,同时保持与前车纵向安全距离;③严禁在隧道内变更车道、超车和停车;④驶出隧道时,车辆可能会受到横风的影响而偏移,此时应握紧转向盘,通过微调转向盘控制车辆的行驶方向。

选项 ABD 均正确,故本题选 C。

109. 关于出租汽车驾驶员文明礼让行人和非机动车,下列说法不正确的是(　　)。

　　A. 在学校附近或看到"注意儿童"的标志时,必须格外注意,提前减速或停车,以防儿童突然跑出来,甚至横穿道路

　　B. 遇到老年人时,应适当降低车速,可以提前鸣喇叭,切不可盲目从其身后绕行

　　C. 遇到盲人时应降低车速,提前避让,切忌鸣喇叭

　　D. 夜间遇到骑自行车人时,应使用远光灯,加速通过

正确答案:D

【试题解析】

出租汽车驾驶员要文明礼让行人和非机动车。①保护儿童的安全:在学校附近或看到"注意儿童"的标志时,必须格外注意,提前减速或停车,以防儿童突然跑出来,甚至横穿道路;②保护老年人的安全:驾驶车辆遇到老年人时,应适当降低车速,可以提前鸣喇叭,切不可盲目从其身后绕行;③保护残疾人的安全:驾驶车辆遇到盲人时应降低车速,提前避让,切忌鸣喇叭,驾驶车辆遇到聋哑人时,应尽快减速,在离其较远处通过;④保护非机动车的安

全:驾驶车辆遇到骑自行车人时,可以提前鸣喇叭,通过时应与其保持足够大的横向安全距离,夜间遇骑自行车人时,应使用近光灯,同时减速或停车。

选项 ABC 均正确,故本题选 D。

110. 关于出租汽车驾驶员在特殊路段保护行人和非机动车安全,下列说法不正确的是( )。

    A. 接近人行横道时,注意观察人行横道及其周围行人、非机动车的动态,有行人、非机动车横穿或即将横穿道路时,可鸣喇叭加速通过

    B. 接近没有人行横道的交叉路口或附近时,只要发现有行人、非机动车横穿道路,就应该减速或停车

    C. 在没有信号灯的交叉路口,转弯时应减速,必要时停车,让直行的行人、非机动车先行

    D. 经过公共汽车站时,上下车的乘客经常会突然横穿道路,应该让过往的乘客先行,必要时停车等待

正确答案:A

【试题解析】

出租汽车驾驶员要在特殊路段保护行人和非机动车安全。①接近人行横道时,应注意观察人行横道及其周围行人、非机动车的动态,有行人、非机动车横穿或即将横穿道路时,必须在人行道前停下;②接近没有人行横道的交叉路口或附近时,只要发现有行人、非机动车横穿道路,就应该减速或停车,尽量让行人和非机动车安全通过;③在没有信号灯的交叉路口,转弯时应减速,必要时停车,让直行的行人、非机动车先行;④经过公共汽车站时,上下车的乘客经常会突然横穿道路,应该让过往的乘客先行,必要时停车等待。

选项 BCD 均正确,故本题选 A。

111. 若纯电动出租汽车起火,下列说法不正确的是( )。

    A. 驾驶员要迅速停车,切断电源

    B. 取下随车携带的灭火器,依据实际情况灭火

    C. 灭火时可用水冲蓄电池

    D. 遇有明火,可用干粉灭火器灭火

正确答案:C

【试题解析】

纯电动出租汽车起火时,驾驶员要迅速停车,切断电源取下随车携带的灭火器,依据实际情况灭火。遇有明火可以用干粉灭火器灭火(磷酸铁锂蓄电池可以用水、黄沙、灭火毯、土壤、干粉灭火器、二氧化碳灭火器灭火)。灭火时禁用水冲蓄电池,防止更大规模的蓄电池短路造成蓄电池燃烧。

选项 ABD 均正确,故本题选 C。

112.关于出租汽车车辆灭火方法,下列说法不正确的是( )。

A.燃油着火时,要做好油箱防爆工作,并切断油路,选择适用的灭火器灭火

B.水可以用于熄灭布匹和轮胎引起的火焰,也可用来熄灭电器、汽油引起的火焰

C.发动机着火时,要将发动机关闭,尽量不打开发动机舱盖,从车身通气孔、散热器及车底侧进行灭火

D.因翻车、撞车等交通事故引起火灾时,首先抢救伤员,并对车辆采取有效补救措施

正确答案:B

【试题解析】

①水可以用于熄灭布匹和轮胎引起的火焰,但不能用来熄灭电器、汽油引起的火焰;②燃油着火时,要做好油箱防爆工作,并切断油路,选择适用的灭火器灭火,若无灭火器,可用路边沙土或厚布、工作服等覆盖灭火以防火势蔓延;③发动机着火时,要将发动机关闭,尽量不打开发动机舱盖,从车身通气孔、散热器及车底侧进行灭火;④因翻车、撞车等交通事故引起火灾时,首先抢救伤员,并对车辆采取有效补救措施,如用路边地里的沙土掩盖或用衣服浸水扑盖,使火焰熄灭。

选项ACD均正确,故本题选B。

113.当出租汽车发生爆胎时,出租汽车驾驶员做法不正确的是( )。

A.紧握转向盘

B.控制方向

C.轻踏制动踏板,使车辆缓慢减速,避免紧急制动

D.猛踩制动踏板,尽量减速,设法尽快停车

正确答案:D

【试题解析】

轮胎突然爆裂是影响安全行车的极大隐患。

(1)后轮胎爆破,车尾会摇摆不定,但方向一般不会失控,主要保持镇定,双手紧握放转向盘,便可控制车辆保持直线行驶。

(2)前轮胎爆破,危险较大,一旦爆胎,车辆方向会立刻向爆胎车轮一侧跑偏,直接影响驾驶员对转向盘的控制。此时,驾驶员双手要紧握转向盘,松抬加速踏板,极力控制车辆直线行驶。若车辆已经转向,也不要过度矫正,要在控制住车辆行驶方向的情况下,轻踏制动踏板(禁止紧急制动),车辆缓慢减速,待车速降至适当的时候,再平稳将车辆逐渐停靠在路边。

选项ABC均正确,故本题选D。

114.依据《出租汽车驾驶员从业资格管理规定》,出租汽车驾驶员岗前培训内容不包含以下哪个方面?( )

A.运营管理

B.从业资格考试条件

C.车辆使用维护与修理

D. 安全驾驶

正确答案:B

【试题解析】

《出租汽车驾驶员从业资格管理规定》第二十五条规定,"交通运输部统一制定出租汽车驾驶员继续教育大纲并向社会公布。继续教育大纲内容包括出租汽车相关政策法规、社会责任和职业道德、服务规范、安全运营和节能减排知识等。"

选项 ACD 均有涉及,故本题选 B。

115. 依据《出租汽车服务质量信誉考核办法》,出租汽车驾驶员服务质量信誉纸质档案保存时间不得低于( )年。

  A. 1   B. 2   C. 3   D. 5

正确答案:C

【试题解析】

《出租汽车服务质量信誉考核办法》第四十条规定,"鼓励出租汽车行政主管部门和出租汽车企业建立出租汽车企业和驾驶员服务质量信誉电子档案。鼓励行业协会等第三方机构参与出租汽车服务质量信誉考核工作。服务质量信誉纸质档案保存时间不得低于3年,电子档案保存时间不得低于10年。"

故本题选 C。

116. 依据《出租汽车服务质量信誉考核办法》,出租汽车驾驶员服务质量信誉电子档案保存时间不得低于( )年。

  A. 1   B. 3   C. 5   D. 10

正确答案:D

【试题解析】

《出租汽车服务质量信誉考核办法》第四十条规定,"鼓励出租汽车行政主管部门和出租汽车企业建立出租汽车企业和驾驶员服务质量信誉电子档案。鼓励行业协会等第三方机构参与出租汽车服务质量信誉考核工作。服务质量信誉纸质档案保存时间不得低于3年,电子档案保存时间不得低于10年。"

故本题选 D。

117. 依据《出租汽车驾驶员从业资格管理规定》,出租汽车驾驶员档案不包括以下哪些内容?( )

  A. 出租汽车驾驶员的姓名、性别、身份证号、住址、联系电话、服务单位、初领驾驶证日期、准驾车型、从业资格证号以及从业资格证件领取、注册和变更记录、培训教育等情况

  B. 查处出租汽车驾驶员违法行为等情况

  C. 交通责任事故的时间、地点、死伤人数、经济损失、交通事故责任认定和处理等情况

D.出租汽车驾驶员学历情况

正确答案:D

【试题解析】

《出租汽车驾驶员从业资格管理规定》第三十七条规定,"出租汽车行政主管部门应当建立出租汽车驾驶员从业资格管理档案。出租汽车驾驶员从业资格管理档案包括:从业资格考试申请材料、从业资格证申请、注册及补(换)发记录、违法行为记录、交通责任事故情况、继续教育记录和服务质量信誉考核结果等。"

故本题选 D。

118. 依据《巡游出租汽车经营服务管理规定》,出租汽车车辆档案不包括以下哪些材料?（　　）

  A.出租汽车车辆行驶证明

  B.出租汽车车辆营运证明

  C.出租汽车驾驶员从业资格证

  D.出租汽车车辆维护情况

正确答案:C

【试题解析】

《巡游出租汽车经营服务管理规定》第三十五条规定,"巡游出租汽车经营者应当建立车辆技术管理制度,按照车辆维护标准定期维护车辆。"

出租汽车驾驶员从业资格证不属于车辆档案,故本题选 C。

二、多选题

119. 依据《国务院办公厅关于深化改革推进出租汽车行业健康发展的指导意见》(国办发〔2016〕58号),坚持乘客为本,把保障乘客安全出行和维护人民群众合法权益作为改革的出发点和落脚点,为社会公众提供(　　)的个性化出行服务。

  A.安全　　　　B.便捷　　　　C.舒适　　　　D.经济

正确答案:ABCD

【试题解析】

《国务院办公厅关于深化改革推进出租汽车行业健康发展的指导意见》规定,"把保障乘客安全出行和维护人民群众合法权益作为改革的出发点和落脚点,为社会公众提供安全、便捷、舒适、经济的个性化出行服务。"

故本题选 ABCD。

120. 依据《巡游出租汽车经营服务管理规定》,在以下选项中,属于巡游出租汽车经营者应当遵守的规定是(　　)。

  A.保证营运车辆性能良好

  B.按照国家相关标准运营服务

  C.加强从业人员管理和培训教育

D.可将巡游出租汽车交给未经从业资格注册的人员运营

E.在许可的经营区域内从事经营活动,超出许可的经营区域的,起讫点一端应当在许可的经营区域内

正确答案:ABCE

【试题解析】

《巡游出租汽车经营服务管理规定》第二十一条规定,"巡游出租汽车经营者应当遵守下列规定:

"(一)在许可的经营区域内从事经营活动,超出许可的经营区域的,起讫点一端应当在许可的经营区域内;

"(二)保证营运车辆性能良好;

"(三)按照国家相关标准运营服务;

"……

"(五)加强从业人员管理和培训教育;

"(六)不得将巡游出租汽车交给未经从业资格注册的人员运营。"

D 选项错误,故本题选 ABCE。

121.依据《网络预约出租汽车经营服务管理暂行办法》,拟从事网约车经营的车辆,应当符合以下哪些条件?(　　)

A.5 座及以下乘用车

B.安装具有行驶记录功能的车辆卫星定位装置

C.车辆技术性能符合运营安全相关标准要求

D.安装应急报警装置

正确答案:BCD

【试题解析】

《网络预约出租汽车经营服务管理暂行办法》第十二条规定,"拟从事网约车经营的车辆,应当符合以下条件:

"(一)7 座及以下乘用车;

"(二)安装具有行驶记录功能的车辆卫星定位装置、应急报警装置;

"(三)车辆技术性能符合运营安全相关标准要求。

"车辆的具体标准和营运要求,由相应的出租汽车行政主管部门,按照高品质服务、差异化经营的发展原则,结合本地实际情况确定。"

A 选项错误,故本题选 BCD。

122.依据《网络预约出租汽车经营服务管理暂行办法》,从事网约车服务的驾驶员,应符合以下哪些条件?(　　)

A.无交通肇事犯罪,无危险驾驶犯罪记录

B.无暴力犯罪记录

C. 无吸毒记录,无饮酒后驾驶记录

D. 最近连续 3 个记分周期内没有记满 12 分记录

正确答案:ABCD

【试题解析】

《网络预约出租汽车经营服务管理暂行办法》第十四条规定,"从事网约车服务的驾驶员,应当符合以下条件:

"(一)取得相应准驾车型机动车驾驶证并具有 3 年以上驾驶经历;

"(二)无交通肇事犯罪、危险驾驶犯罪记录,无吸毒记录,无饮酒后驾驶记录,最近连续 3 个记分周期内没有记满 12 分记录;

"(三)无暴力犯罪记录;

"(四)城市人民政府规定的其他条件。"

故本题选 ABCD。

123. 依据《出租汽车驾驶员从业资格管理规定》,申请参加出租汽车驾驶员从业资格考试的,应当符合下列哪些条件?( )

A. 取得相应准驾车型机动车驾驶证并具有 2 年以上驾驶经历

B. 无交通肇事犯罪、危险驾驶犯罪记录,无吸毒记录,无饮酒后驾驶记录,最近连续 3 个记分周期内没有记满 12 分记录

C. 无暴力犯罪记录

D. 城市人民政府规定的其他条件

正确答案:BCD

【试题解析】

《出租汽车驾驶员从业资格管理规定》第十条规定,"申请参加出租汽车驾驶员从业资格考试的,应当符合下列条件:

"(一)取得相应准驾车型机动车驾驶证并具有 3 年以上驾驶经历;

"(二)无交通肇事犯罪、危险驾驶犯罪记录,无吸毒记录,无饮酒后驾驶记录,最近连续 3 个记分周期内没有记满 12 分记录;

"(三)无暴力犯罪记录;

"(四)城市人民政府规定的其他条件。"

A 选项错误,故本题选 BCD。

124. 依据《巡游出租汽车经营服务管理规定》,巡游出租汽车经营者违反本规定,有下列哪些行为( ),由县级以上地方人民政府出租汽车行政主管部门责令改正,并处以 5000 元以上 1 万元以下罚款。构成犯罪的,依法追究刑事责任。

A. 擅自暂停、终止全部或者部分巡游出租汽车经营的

B. 不按照规定保证车辆技术状况良好的

C. 不按照规定配置巡游出租汽车相关设备的

D. 不按照规定建立并落实投诉举报制度的

E. 使用未取得道路运输证的车辆,擅自从事巡游出租汽车经营活动的

正确答案:ABCD

【试题解析】

《巡游出租汽车经营服务管理规定》第四十七条规定,"巡游出租汽车经营者违反本规定,有下列行为之一的,由县级以上地方人民政府出租汽车行政主管部门责令改正,并处以5000元以上1万元以下罚款。构成犯罪的,依法追究刑事责任:

"(一)擅自暂停、终止全部或者部分巡游出租汽车经营的;

"……

"(四)不按照规定保证车辆技术状况良好的;

"(五)不按照规定配置巡游出租汽车相关设备的;

"(六)不按照规定建立并落实投诉举报制度的。"

E选项未涉及,故本题选ABCD。

125.根据《出租汽车运营服务规范》中对行车安全的要求,下列说法正确的是( )。

A. 遇情况不明、视线不良、起步会车、交叉路口、危险和繁华地段时,应减速慢行

B. 遇雨、雾、风沙天气时,应注意路面情况与行人、车辆动态,打开灯光,减速慢行,延长车距,尽量避免超车

C. 雪中行车时,宜沿已有车辙低速行驶,避免急加速或急减速

D. 通过凹凸不平路段时,应紧握转向盘,低速行驶

正确答案:ABCD

【试题解析】

《出租汽车运营服务规范》(GB/T 22485—2021)第8.2节"驾驶员行车安全"中第8.2.2条规定:

"8.2.2.1 遇情况不明、视线不良、起步会车、交叉路口、危险和繁华地段时,应减速慢行。"

"8.2.2.2 遇雨、雾、风沙天气时,应注意路面情况与行人、车辆动态,打开灯光,减速慢行,延长车距,尽量避免超车。"

"8.2.2.3 雪中行车时,宜沿已有车辙低速行驶,避免急加速或急减速。"

"……

"8.2.2.6 通过凹凸不平路段时,应紧握转向盘,低速行驶。"

"……"

故本题选ABCD。

126.根据《网络预约出租汽车运营服务规范》,网络预约出租汽车经营者应建立健全网络预约出租汽车驾驶员岗前培训、继续教育制度,定期组织驾驶员开展有关( )等方面的教育培训,并建立培训档案。

A. 法律法规　　B. 职业道德　　C. 服务规范　　D. 安全运营

正确答案：ABCD

【试题解析】

《网络预约出租汽车运营服务规范》（JT/T 1068—2016）第4.3节"驾驶员管理"中第4.3.1条规定，"应建立健全网络预约出租汽车驾驶员岗前培训、继续教育制度，定期组织驾驶员开展有关法律法规、职业道德、服务规范、安全运营等方面的教育培训，并建立培训档案。"

故本题选ABCD。

127.依据《国务院办公厅关于深化改革推进出租汽车行业健康发展的指导意见》（国办发〔2016〕58号），建立完善以服务质量信誉为导向的经营权配置和管理制度，对经营权期限届满或经营过程中出现（　　）等情形的，按有关规定收回经营权。

A.重大服务质量问题　　　　　　B.重大安全生产责任事故
C.严重违法经营行为　　　　　　D.服务质量信誉考核不合格

正确答案：ABCD

【试题解析】

《国务院办公厅关于深化改革推进出租汽车行业健康发展的指导意见》规定，"建立完善以服务质量信誉为导向的经营权配置和管理制度，对经营权期限届满或经营过程中出现重大服务质量问题、重大安全生产责任事故、严重违法经营行为、服务质量信誉考核不合格等情形的，按有关规定收回经营权。"

故本题选ABCD。

128.依据《网络预约出租汽车经营服务管理暂行办法》规定，拟从事网约车经营的车辆，应当符合以下条件（　　）。

A.7座及以下乘用车
B.装具有行驶记录功能的车辆卫星定位装置、应急报警装置
C.5座及以下乘用车
D.车辆技术性能符合运营安全相关标准要求

正确答案：ABD

【试题解析】

《网络预约出租汽车经营服务管理暂行办法》第十二条规定，"拟从事网约车经营的车辆，应当符合以下条件：

"（一）7座及以下乘用车；

"（二）安装具有行驶记录功能的车辆卫星定位装置、应急报警装置；

"（三）车辆技术性能符合运营安全相关标准要求。"

C项错误，故本题选ABD。

129.依据《网络预约出租汽车经营服务管理暂行办法》，有下列（　　）行为，由县级以上出租汽车行政主管部门和价格主管部门按照职责责令改正，对每次违法行为处以5000元

以上10000元以下罚款;情节严重的,处以10000元以上30000元以下罚款。

A. 未按照规定保证车辆技术状况良好的

B. 未按照规定制定服务质量标准、建立并落实投诉举报制度的

C. 未履行管理责任,出现甩客、故意绕道、违规收费等严重违反国家相关运营服务标准行为的

D. 伪造、变造或者使用伪造、变造、失效的《网络预约出租汽车运输证》《网络预约出租汽车驾驶员证》从事网约车经营活动的

正确答案:ABC

【试题解析】

《网络预约出租汽车经营服务管理暂行办法》第三十五条规定,"网约车平台公司违反本规定,有下列行为之一的,由县级以上出租汽车行政主管部门和价格主管部门按照职责责令改正,对每次违法行为处以5000元以上10000元以下罚款;情节严重的,处以10000元以上30000元以下罚款:

"……

"(三)未按照规定保证车辆技术状况良好的;

"……

"(六)未按照规定制定服务质量标准、建立并落实投诉举报制度的;

"……

"(八)未履行管理责任,出现甩客、故意绕道、违规收费等严重违反国家相关运营服务标准行为的。"

D选项不涉及,故本题选ABC。

130. 依据《网络预约出租汽车经营服务管理暂行办法》,网约车平台公司应当保证提供服务车辆具备下列哪些条件(   )。

A. 具备合法营运资质   B. 技术状况良好

C. 安全性能可靠   D. 具有营运车辆相关保险

正确答案:ABCD

【试题解析】

《网络预约出租汽车经营服务管理暂行办法》第十七条规定,"网约车平台公司应当保证提供服务车辆具备合法营运资质,技术状况良好,安全性能可靠,具有营运车辆相关保险,保证线上提供服务的车辆与线下实际提供服务的车辆一致,并将车辆相关信息向服务所在地出租汽车行政主管部门报备。"

故本题选ABCD。

131. 依据《出租汽车驾驶员从业资格管理规定》,出租汽车经营者应当建立学员培训档案,将(   )纳入档案管理,并接受出租汽车行政主管部门的监督检查。

A. 继续教育计划   B. 继续教育师资情况

C.继续教育大纲　　　　　　D.参培学员登记表

正确答案：ABD

【试题解析】

《出租汽车驾驶员从业资格管理规定》第二十九条规定，"出租汽车经营者应当建立学员培训档案，将继续教育计划、继续教育师资情况、参培学员登记表等纳入档案管理，并接受出租汽车行政主管部门的监督检查。"

C选项不涉及，故本题选ABD。

132.依据《出租汽车驾驶员从业资格管理规定》，出租汽车驾驶员继续教育大纲内容包括（　　）等。

A.出租汽车相关政策法规　　　　B.出租汽车社会责任和职业道德
C.出租汽车服务规范　　　　　　D.出租汽车安全运营和节能减排知识

正确答案：ABCD

【试题解析】

《出租汽车驾驶员从业资格管理规定》第二十五条规定，"交通运输部统一制定出租汽车驾驶员继续教育大纲并向社会公布。继续教育大纲内容包括出租汽车相关政策法规、社会责任和职业道德、服务规范、安全运营和节能减排知识等。"

故本题选ABCD。

133.依据《出租汽车驾驶员从业资格管理规定》，出租汽车驾驶员有下列哪些情形的（　　），由发证机关注销其从业资格证。从业资格证被注销的，应当及时收回；无法收回的，由发证机关公告作废。

A.持证人死亡的
B.持证人申请注销的
C.持证人途中甩客或者故意绕道行驶
D.持证人机动车驾驶证被注销或者被吊销的
E.因身体健康等其他原因不宜继续从事出租汽车客运服务的

正确答案：ABDE

【试题解析】

《出租汽车驾驶员从业资格管理规定》第三十八条规定，"出租汽车驾驶员有下列情形之一的，由发证机关注销其从业资格证。从业资格证被注销的，应当及时收回；无法收回的，由发证机关公告作废。

"（一）持证人死亡的；
"（二）持证人申请注销的；
"（三）持证人达到法定退休年龄的；
"（四）持证人机动车驾驶证被注销或者被吊销的；
"（五）因身体健康等其他原因不宜继续从事出租汽车客运服务的。"

C 选项不涉及,故本题选 ABDE。

134.根据《网络预约出租汽车运营服务规范》,网络预约出租汽车经营者接受约车人提交的订单,订单信息应包括但不限于(　　)。

　　A.乘客用车时间

　　B.乘客上下车地点

　　C.乘客对车辆类型、驾驶员服务质量等级等提出的个性化需求

　　D.约车人或乘客联系方式

　　E.乘客性别

正确答案:ABCD

【试题解析】

《网络预约出租汽车运营服务规范》(JT/T 1068—2016)第7.1节规定,"接受约车人提交的订单,订单信息应包括但不限于:

"a.乘客用车时间;

"b.乘客上下车地点;

"c.乘客对车辆类型、驾驶员服务质量等级等提出的个性化需求;

"d.约车人或乘客联系方式。"

选项 E 不涉及,故本题选 ABCD。

135.依据《巡游出租汽车经营服务管理规定》,巡游出租汽车经营者应当制定包括(　　)等内容的突发公共事件应急预案。

　　A.报告程序　　　B.应急指挥　　　C.应急车辆　　　D.处置措施

正确答案:ABCD

【试题解析】

《巡游出租汽车经营服务管理规定》第三十七条规定,"巡游出租汽车经营者应当制定包括报告程序、应急指挥、应急车辆以及处置措施等内容的突发公共事件应急预案。"

故本题选 ABCD。

136.依据《出租汽车驾驶员从业资格管理规定》,有下列(　　)记录的,不能申请参加出租汽车驾驶员从业资格考试。

　　A.交通肇事犯罪　　　　　　　B.危险驾驶犯罪

　　C.吸毒　　　　　　　　　　　D.饮酒后驾驶

正确答案:ABCD

【试题解析】

《出租汽车驾驶员从业资格管理规定》第十条规定,"申请参加出租汽车驾驶员从业资格考试的,应当符合下列条件:

"(一)取得相应准驾车型机动车驾驶证并具有3年以上驾驶经历;

"(二)无交通肇事犯罪、危险驾驶犯罪记录,无吸毒记录,无饮酒后驾驶记录,最近连续

3个记分周期内没有记满12分记录;

"(三)无暴力犯罪记录;

"(四)城市人民政府规定的其他条件。"

故本题选ABCD。

137.依据《出租汽车驾驶员从业资格管理规定》,出租汽车驾驶员有下列(　　)不具备安全运营条件情形之一的,由发证机关撤销其从业资格证,并公告作废。

　　A.持证人身体健康状况不再符合从业要求且没有主动申请注销从业资格证的

　　B.有交通肇事犯罪、危险驾驶犯罪记录

　　C.持证人机动车驾驶证被注销或者被吊销

　　D.有最近连续3个记分周期内记满12分记录

　　E.有吸毒记录,有饮酒后驾驶记录,有暴力犯罪记录

正确答案:ABDE

【试题解析】

《出租汽车驾驶员从业资格管理规定》第三十九条规定,"出租汽车驾驶员有下列不具备安全运营条件情形之一的,由发证机关撤销其从业资格证,并公告作废:

"(一)持证人身体健康状况不再符合从业要求且没有主动申请注销从业资格证的;

"(二)有交通肇事犯罪、危险驾驶犯罪记录,有吸毒记录,有饮酒后驾驶记录,有暴力犯罪记录,最近连续3个记分周期内记满12分记录。

C选项不涉及,故本题选ABDE。

138.依据《出租汽车驾驶员从业资格管理规定》,有下列行为之一的(　　),由县级以上出租汽车行政主管部门责令改正,并处200元以上2000元以下的罚款;构成犯罪的,依法追究刑事责任。

　　A.未取得从业资格证或者超越从业资格证核定范围,驾驶出租汽车从事经营活动的

　　B.不按照规定出具相应车费票据

　　C.使用失效、伪造、变造的从业资格证,驾驶出租汽车从事经营活动的

　　D.未经乘客同意搭载其他乘客

　　E.转借、出租、涂改从业资格证的

正确答案:ACE

【试题解析】

《出租汽车驾驶员从业资格管理规定》第四十一条规定,"违反本规定,有下列行为之一的人员,由县级以上出租汽车行政主管部门责令改正,并处200元以上2000元以下的罚款;构成犯罪的,依法追究刑事责任:

"(一)未取得从业资格证或者超越从业资格证核定范围,驾驶出租汽车从事经营活动的;

"(二)使用失效、伪造、变造的从业资格证,驾驶出租汽车从事经营活动的;

"(三)转借、出租、涂改从业资格证的。"

BD 两项不涉及,故本题选 ACE。

139.依据《出租汽车驾驶员从业资格管理规定》,出租汽车经营者有下列行为之一的( ),由县级以上出租汽车行政主管部门责令改正,并处 1000 元以上 3000 元以下的罚款。

  A.未取得从业资格证或者超越从业资格证核定范围,驾驶出租汽车从事经营活动的

  B.不按照规定出具相应车费票据

  C.聘用未按规定办理注册手续的人员,驾驶出租汽车从事经营活动的

  D.不按照规定组织实施继续教育的

  E.转借、出租、涂改从业资格证的

正确答案:CD

【试题解析】

《出租汽车驾驶员从业资格管理规定》第四十四条规定,"违反本规定,有下列行为之一的出租汽车经营者,由县级以上出租汽车行政主管部门责令改正,并处 1000 元以上 3000 元以下的罚款:

"(一)聘用未按规定办理注册手续的人员,驾驶出租汽车从事经营活动的;

"(二)不按照规定组织实施继续教育的。"

ABE 三项不涉及,故本题选 CD。

140.依据《中华人民共和国道路交通安全法》,道路交通安全违法行为的处罚种类包括( )。

  A.警告   B.罚款

  C.暂扣或者吊销机动车驾驶证 D.拘留

正确答案:ABCD

【试题解析】

《中华人民共和国道路交通安全法》第八十八条规定,"对道路交通安全违法行为的处罚种类包括:警告、罚款、暂扣或者吊销机动车驾驶证、拘留。"

故本题选 ABCD。

141.依据《中华人民共和国道路交通安全法实施条例》,机动车行驶中遇有下列( )情形之一的,最高行驶速度不得超过每小时 30 公里。

  A.进出非机动车道,通过铁路道口、急弯路、窄路、窄桥时

  B.掉头、转弯、下陡坡时

  C.遇雾、雨、雪、沙尘、冰雹,能见度在 50 米以内时

  D.在冰雪、泥泞的道路上行驶时

  E.牵引发生故障的机动车时

正确答案：ABCDE

【试题解析】

《中华人民共和国道路交通安全法实施条例》第四十六条规定，"机动车行驶中遇有下列情形之一的，最高行驶速度不得超过每小时30公里，其中拖拉机、电瓶车、轮式专用机械车不得超过每小时15公里：

"（一）进出非机动车道，通过铁路道口、急弯路、窄路、窄桥时；

"（二）掉头、转弯、下陡坡时；

"（三）遇雾、雨、雪、沙尘、冰雹，能见度在50米以内时；

"（四）在冰雪、泥泞的道路上行驶时；

"（五）牵引发生故障的机动车时。"

故本题选 ABCDE。

142. 依据《中华人民共和国道路交通安全法实施条例》，驾驶机动车不得有下列行为（　　）。

　　A. 在机动车驾驶室的前后窗范围内悬挂、放置妨碍驾驶人视线的物品

　　B. 拨打接听手持电话、观看电视等妨碍安全驾驶的行为

　　C. 连续驾驶机动车超过4小时未停车休息或者停车休息时间少于20分钟

　　D. 下陡坡时熄火或者空挡滑行

　　E. 在禁止鸣喇叭的区域或者路段鸣喇叭

正确答案：ABCDE

【试题解析】

《中华人民共和国道路交通安全法实施条例》第六十二条规定，"驾驶机动车不得有下列行为：

"……

"（二）在机动车驾驶室的前后窗范围内悬挂、放置妨碍驾驶人视线的物品；

"（三）拨打接听手持电话、观看电视等妨碍安全驾驶的行为；

"（四）下陡坡时熄火或者空挡滑行；

"……

"（七）连续驾驶机动车超过4小时未停车休息或者停车休息时间少于20分钟；

"（八）在禁止鸣喇叭的区域或者路段鸣喇叭。"

故本题选 ABCDE。

143. 依据《中华人民共和国道路交通安全法实施条例》，机动车在道路上行驶不得超过限速标志、标线标明的速度。关于在没有限速标志、标线的道路上，机动车不得超过的最高行驶速度，以下说法正确的是（　　）。

　　A. 没有道路中心线的道路，城市道路为每小时30公里

　　B. 没有道路中心线的道路，公路为每小时40公里

C.同方向只有 1 条机动车道的道路,城市道路为每小时 50 公里

D.同方向只有 1 条机动车道的道路,公路为每小时 70 公里

正确答案:ABCD

【试题解析】

《中华人民共和国道路交通安全法实施条例》第四十五条规定,"机动车在道路上行驶不得超过限速标志、标线标明的速度。在没有限速标志、标线的道路上,机动车不得超过下列最高行驶速度:

"(一)没有道路中心线的道路,城市道路为每小时 30 公里,公路为每小时 40 公里;

"(二)同方向只有 1 条机动车道的道路,城市道路为每小时 50 公里,公路为每小时 70 公里。"

故本题选 ABCD。

144.依据《中华人民共和国道路交通安全法实施条例》,机动车在道路上临时停车,应当遵守下列(　　)规定。

A.在设有禁停标志、标线的路段,在机动车道与非机动车道、人行道之间设有隔离设施的路段以及人行横道、施工地段,不得停车

B.交叉路口、铁路道口、急弯路、宽度不足 4 米的窄路、桥梁、陡坡、隧道以及距离上述地点 50 米以内的路段,不得停车

C.车辆停稳前不得开车门和上下人员,开关车门不得妨碍其他车辆和行人通行

D.路边停车应当紧靠道路右侧,机动车驾驶人不得离车,上下人员或者装卸物品后,立即驶离

正确答案:ABCD

【试题解析】

《中华人民共和国道路交通安全法实施条例》第六十三条规定,"机动车在道路上临时停车,应当遵守下列规定:

"(一)在设有禁停标志、标线的路段,在机动车道与非机动车道、人行道之间设有隔离设施的路段以及人行横道、施工地段,不得停车;

"(二)交叉路口、铁路道口、急弯路、宽度不足 4 米的窄路、桥梁、陡坡、隧道以及距离上述地点 50 米以内的路段,不得停车;

"……

"(四)车辆停稳前不得开车门和上下人员,开关车门不得妨碍其他车辆和行人通行;

"(五)路边停车应当紧靠道路右侧,机动车驾驶人不得离车,上下人员或者装卸物品后,立即驶离;

"……"

故本题选 ABCD。

145.依据《中华人民共和国道路交通安全法实施条例》,在没有中心隔离设施或者没有

中心线的道路上,机动车遇相对方向来车时应当遵守下列( )规定。

  A. 减速靠右行驶,并与其他车辆、行人保持必要的安全距离

  B. 在有障碍的路段,无障碍的一方先行,但有障碍的一方已驶入障碍路段而无障碍的一方未驶入时,有障碍的一方先行

  C. 在狭窄的坡路,上坡的一方先行;但下坡的一方已行至中途而上坡的一方未上坡时,下坡的一方先行

  D. 在狭窄的山路,不靠山体的一方先行

  E. 夜间会车应当在距相对方向来车150米以外改用近光灯,在窄路、窄桥与非机动车会车时应当使用近光灯

正确答案:ABCDE

【试题解析】

《中华人民共和国道路交通安全法实施条例》第四十八条规定,"在没有中心隔离设施或者没有中心线的道路上,机动车遇相对方向来车时应当遵守下列规定:

"(一)减速靠右行驶,并与其他车辆、行人保持必要的安全距离;

"(二)在有障碍的路段,无障碍的一方先行;但有障碍的一方已驶入障碍路段而无障碍的一方未驶入时,有障碍的一方先行;

"(三)在狭窄的坡路,上坡的一方先行;但下坡的一方已行至中途而上坡的一方未上坡时,下坡的一方先行;

"(四)在狭窄的山路,不靠山体的一方先行;

"(五)夜间会车应当在距相对方向来车150米以外改用近光灯,在窄路、窄桥与非机动车会车时应当使用近光灯。"

故本题选ABCDE。

146. 依据《中华人民共和国道路交通安全法实施条例》,机动车与机动车、机动车与非机动车在道路上发生未造成人身伤亡的交通事故,当事人对事实及成因无争议的,在记录( ),并共同签名后,撤离现场,自行协商损害赔偿事宜。

  A. 交通事故的时间、地点

  B. 对方当事人的姓名和联系方式

  C. 对方当事人的机动车牌号、驾驶证号

  D. 保险凭证号、碰撞部位

正确答案:ABCD

【试题解析】

《中华人民共和国道路交通安全法实施条例》第八十六条规定,"机动车与机动车、机动车与非机动车在道路上发生未造成人身伤亡的交通事故,当事人对事实及成因无争议的,在记录交通事故的时间、地点、对方当事人的姓名和联系方式、机动车牌号、驾驶证号、保险凭证号、碰撞部位,并共同签名后,撤离现场,自行协商损害赔偿事宜。……"

故本题选 ABCD。

147. 根据《城市公共设施　电动汽车充换电设施运营管理服务规范》(GB/T 37293—2019),充换电设施运营管理应按照(　　)的原则提供服务。

　　A. 安全　　　　B. 便捷　　　　C. 高效　　　　D. 智能

正确答案:ABCD

【试题解析】

《城市公共设施　电动汽车充换电设施运营管理服务规范》(GB/T 37293—2019)第 4.4 节规定,"充换电设施运营管理应按照安全、便捷、高效、智能的原则提供服务,创新服务内容,完善服务流程,提升服务质量。"

故本题选 ABCD。

148. 根据《城市公共设施　电动汽车充换电设施运营管理服务规范》(GB/T 37293—2019),设施管理应包括(　　)等。

　　A. 充换电系统　　B. 供电系统　　C. 监控系统　　D. 消防设施

正确答案:ABCD

【试题解析】

《城市公共设施　电动汽车充换电设施运营管理服务规范》(GB/T 37293—2019)第 7.2 节"设施管理"中第 7.2.1 条规定,"设施管理应包括充换电系统、供电系统、监控系统、消防设施等。"

故本题选 ABCD。

149. 根据《城市公共设施　电动汽车充换电设施运营管理服务规范》(GB/T 37293—2019),运营单位应建立健全充换电设施管理制度,包括(　　)。

　　A. 运行监控　　B. 巡视检查　　C. 维修养护
　　D. 缺陷管理　　E. 器具备件管理

正确答案:ABCDE

【试题解析】

《城市公共设施　电动汽车充换电设施运营管理服务规范》(GB/T 37293—2019)第 7.1 节"制度管理"中第 7.1.3 条规定,"应建立健全充换电设施管理制度,包括运行监控、巡视检查、维修养护、缺陷管理、器具备件管理等内容。"

故本题选 ABCDE。

150. 依据《巡游出租汽车经营服务管理规定》,在以下选项中,属于巡游出租汽车应配备的设施设备的是(　　)。

　　A. 符合规定的计程计价设备

　　B. 具有行驶记录功能的车辆卫星定位装置

　　C. 应急报警装置

　　D. 车厢音视频采集装置

正确答案:ABC

【试题解析】

《巡游出租汽车经营服务管理规定》第十五条规定,"投入运营的巡游出租汽车车辆应当安装符合规定的计程计价设备、具有行驶记录功能的车辆卫星定位装置、应急报警装置,……"

D项不涉及,故本题选ABC。

151. 依据《中华人民共和国道路交通安全法》,有下列情形(　　)之一的,应当办理相应的登记。

  A. 机动车所有权发生转移的　　B. 机动车登记内容变更的

  C. 机动车用作抵押的　　D. 机动车报废的

正确答案:ABCD

【试题解析】

《中华人民共和国道路交通安全法》第十二条规定,"有下列情形之一的,应当办理相应的登记:

"(一)机动车所有权发生转移的;

"(二)机动车登记内容变更的;

"(三)机动车用作抵押的;

"(四)机动车报废的。"

故本题选ABCD。

152. 依据《中华人民共和国道路交通安全法实施条例》,已注册登记的机动车有下列(　　)情形之一的,机动车所有人应当向登记该机动车的公安机关交通管理部门申请变更登记。

  A. 改变机动车车身颜色

  B. 更换发动机

  C. 更换车身或者车架

  D. 营运机动车改为非营运机动车或者非营运机动车改为营运机动车

  E. 机动车所有人的住所迁出或者迁入公安机关交通管理部门管辖区域

正确答案:ABCDE

【试题解析】

《中华人民共和国道路交通安全法实施条例》第六条规定,"已注册登记的机动车有下列情形之一的,机动车所有人应当向登记该机动车的公安机关交通管理部门申请变更登记:

"(一)改变机动车车身颜色的;

"(二)更换发动机的;

"(三)更换车身或者车架的;

"……

"(五)营运机动车改为非营运机动车或者非营运机动车改为营运机动车的;

"(六)机动车所有人的住所迁出或者迁入公安机关交通管理部门管辖区域的。"

故本题选 ABCDE。

153.依据《中华人民共和国道路交通安全法》,对提供下列(　　)材料的,机动车安全技术检验机构应当予以检验,任何单位不得附加其他条件。

  A.机动车行驶证　　　　　　　　B.机动车第三者责任强制保险单
  C.身份证　　　　　　　　　　　D.机动车驾驶证

正确答案:AB

【试题解析】

《中华人民共和国道路交通安全法》第十三条规定,"对登记后上道路行驶的机动车,应当依照法律、行政法规的规定,根据车辆用途、载客载货数量、使用年限等不同情况,定期进行安全技术检验。对提供机动车行驶证和机动车第三者责任强制保险单的,机动车安全技术检验机构应当予以检验,任何单位不得附加其他条件。"

CD 选项均不涉及,故本题选 AB。

154.依据《中华人民共和国道路交通安全法实施条例》,机动车在夜间通过(　　)时,应当交替使用远近光灯示意。

  A.急弯　　　　　　　　　　　　B.坡路
  C.人行横道　　　　　　　　　　D.没有交通信号灯控制的路口

正确答案:ABCD

【试题解析】

《中华人民共和国道路交通安全法实施条例》第五十九条规定,"机动车在夜间通过急弯、坡路、拱桥、人行横道或者没有交通信号灯控制的路口时,应当交替使用远近光灯示意。"

故本题选 ABCD。

155.依据《中华人民共和国道路交通安全法实施条例》,机动车在高速公路上行驶,不得有下列(　　)行为。

  A.倒车、逆行、穿越中央分隔带掉头或者在车道内停车
  B.在匝道、加速车道或者减速车道上超车
  C.骑、轧车行道分界线或者在路肩上行驶
  D.非紧急情况时在应急车道行驶或者停车
  E.试车或者学习驾驶机动车

正确答案:ABCDE

【试题解析】

《中华人民共和国道路交通安全法实施条例》第八十二条规定,"机动车在高速公路上行驶,不得有下列行为:

"(一)倒车、逆行、穿越中央分隔带掉头或者在车道内停车;

"(二)在匝道、加速车道或者减速车道上超车;

"(三)骑、轧车行道分界线或者在路肩上行驶;

"(四)非紧急情况时在应急车道行驶或者停车;

"(五)试车或者学习驾驶机动车。"

故本题选 ABCDE。

156. 依据《中华人民共和国道路交通安全法实施条例》,发生交通事故后,当事人( )的,承担全部责任。

  A. 故意破坏现场 B. 伪造现场 C. 毁灭证据 D. 立即报警

正确答案:ABC

【试题解析】

《中华人民共和国道路交通安全法实施条例》第九十二条规定,"发生交通事故后当事人逃逸的,逃逸的当事人承担全部责任。但是,有证据证明对方当事人也有过错的,可以减轻责任。当事人故意破坏、伪造现场、毁灭证据的,承担全部责任。"

故本题选 ABC。

157. 根据《城市公共设施 电动汽车充换电设施运营管理服务规范》(GB/T 37293—2019),电池更换站应在规定的区域内进行动力电池的( )等作业。

  A. 更换 B. 维护 C. 保养 D. 存放

正确答案:ABCD

【试题解析】

《城市公共设施 电动汽车充换电设施运营管理服务规范》(GB/T 37293—2019)第7.2节"设施管理"中第7.2.4条规定,"电池更换站应在规定的区域内进行动力电池的更换、维护、保养、存放等作业。"

158. 根据《城市公共设施 电动汽车充换电设施运营管理服务规范》(GB/T 37293—2019),突发事件应急预案主要包括( )。

  A. 运营突发事件应急预案,应对设施设备故障、火灾、断电等情况

  B. 自然灾害应急预案,应对地震、台风、雨涝等情况

  C. 公共安全应急预案,应对人为纵火、爆炸等情况

  D. 消防安全管理制度

正确答案:ABC

【试题解析】

《城市公共设施 电动汽车充换电设施运营管理服务规范》(GB/T 37293—2019)第7.6.3.2条规定,"应编制突发事件应急预案,应急预案编制应科学合理、内容完备,针对性和操作性强,并定期进行演练。应急预案主要包括但不限于:

"a)运营突发事件应急预案,应对设施设备故障、火灾、断电等情况;

"b)自然灾害应急预案,应对地震、台风、雨涝等情况;

"c)公共安全应急预案,应对人为纵火、爆炸等情况;

"……"

选项 D 不涉及,故本题选 ABC。

159.根据《道路运输驾驶员技能和素质要求 第3部分:出租汽车驾驶员》,出租汽车驾驶员专业知识要求主要包括(　　)。

  A.从业管理规定

  B.车辆管理规定

  C.车辆使用技术

  D.客运经营与服务

  E.事故现场应急处置

正确答案:ABCDE

【试题解析】

《道路运输驾驶员技能和素质要求 第3部分:出租汽车驾驶员》(JT/T 917.3—2014)第5节"出租汽车驾驶员专业知识要求"包括从业管理规定、车辆管理规定、车辆使用技术、客运经营与服务、安全运营与治安防范、节能驾驶、事故现场应急处置等。

故本题选 ABCDE。

160.根据《道路运输驾驶员技能和素质要求 第3部分:出租汽车驾驶员》,出租汽车驾驶员专业技能要求主要包括(　　)。

  A.车辆日常安全检查及车容车貌检视

  B.安全驾驶技能

  C.紧急情况应急处置

  D.节能驾驶技能

  E.运营服务规范

正确答案:ABCDE

【试题解析】

《道路运输驾驶员技能和素质要求 第3部分:出租汽车驾驶员》(JT/T 917.3—2014)第6节"出租汽车驾驶员专业技能要求"包括车辆日常安全检查及车容车貌检视、安全驾驶技能、紧急情况应急处置、节能驾驶技能、运营服务规范等。

故本题选 ABCDE。

161.根据《出租汽车运营服务规范》(GB/T 22485—2021),下列属于出租汽车车容车貌要求的是(　　)。

  A.车身外观整洁完好,车辆前后内外照明灯齐全,功能完好

  B.车窗玻璃密闭良好,洁净明亮、无遮蔽物

  C.仪表台、后风挡窗台可放置与运营无关的物品

  D.仪表显示完好

正确答案:ABD

【试题解析】

《出租汽车运营服务规范》(GB/T 22485—2021)第5.2节"车容车貌要求"中第5.2.1条规定,"车身外观应符合下列要求:

"a)车身外观整洁完好。车辆前后内外照明灯齐全,功能完好。

"b)轮胎盖齐全完好。车门功能正常。

"c)车窗玻璃密闭良好,洁净明亮、无遮蔽物,升降功能有效。玻璃刮水器功能完好。"

第5.2.2条规定,"车厢内整洁、卫生,无杂物、异味,车厢内饰应符合下列要求:

"a)仪表显示完好。

"b)仪表台、后风挡窗台不放置与运营无关的物品。

"c)遮阳板、化妆镜齐全完好。"

C选项均错误,仪表台、后风挡窗台不放置与运营无关的物品,故本题选ABD。

162.根据《出租汽车运营服务规范》(GB/T 22485—2021),下列属于出租汽车车辆附属设施应符合要求的是(　　)。

　　A.座椅牢固无塌陷
　　B.前排座椅可前后移动,靠背倾度可调
　　C.安全带和锁扣齐全、有效
　　D.座套、头枕套、脚垫齐全、整洁

正确答案:ABCD

【试题解析】

《出租汽车运营服务规范》(GB/T 22485—2021)第5.2节"车容车貌要求"中第5.2.3条规定,"车辆附属设施应符合下列要求:

"a)座椅牢固无塌陷。

"b)前排座椅可前后移动,靠背倾度可调。

"c)安全带和锁扣齐全、有效。

"d)座套、头枕套、脚垫齐全、整洁。"

故本题选ABCD。

163.根据《出租汽车运营服务规范》(GB/T 22485—2021),以下属于出租汽车驾驶员文明用语的是(　　)。

　　A.很高兴为您服务　　　　　B.请系好安全带
　　C.赶紧下车　　　　　　　　D.请对我的服务进行评价

正确答案:ABD

【试题解析】

C选项明显不属于服务用语,ABD项属于《出租汽车运营服务规范》(GB/T 22485—2021)附录A规定的驾驶员服务用语,故本题选ABD。

164. 根据《出租汽车运营服务规范》(GB/T 22485—2021),以下属于出租汽车驾驶员服务规范的是(　　)。

　　A.乘客上车时,车辆应与道路平行靠边停靠,并引导乘客由右侧上车

　　B.应在允许停车路段、地点或服务站点停车载客

　　C.乘客携带行李时,应主动协助其将行李放入行李厢内

　　D.可未经乘客同意招揽其他乘客

正确答案:ABC

【试题解析】

《出租汽车运营服务规范》(GB/T 22485—2021)第7.2节规定,

"7.2.1　应在允许停车路段、地点或服务站点停车载客、候客或等候订单,不应有拒载行为。

"7.2.2　乘客上车时,车辆应与道路平行靠边停靠,并引导乘客由右侧上车。

"7.2.3　乘客携带行李时,应主动协助其将行李放入行李厢内。行李厢应由驾驶员开启和锁闭。

"……

"7.2.6　未经乘客同意,不应招揽他人同乘。

"……"

选项 ABC 均涉及,D 项不涉及,故本题选 ABC。

165.根据《出租汽车运营服务规范》(GB/T 22485—2021),以下属于出租汽车驾驶员服务规范的是(　　)。

　　A.应主动协助老、幼、病、残、孕等乘客上下车

　　B.乘客上车后,应面向乘客主动问候。提醒并在必要时协助乘客系好安全带

　　C.应根据乘客意愿升降车窗玻璃、使用音响等相关服务设备

　　D.可不经乘客同意改变原行驶路线

正确答案:ABC

【试题解析】

《出租汽车运营服务规范》(GB/T 22485—2021)第7.2节规定,

"……

"7.2.4　应主动协助老、幼、病、残、孕等乘客上下车。

"7.2.5　乘客上车后,应面向乘客主动问候。提醒并在必要时协助乘客系好安全带。

"……

"7.2.7　不应绕路。运营中遇交通堵塞、道路临时封闭等需改变原行驶路线时,需征得乘客同意。

"7.2.8　应根据乘客意愿升降车窗玻璃、使用音响、视频和空调等相关服务设备。

"……"

选项 ABC 均涉及,D 项不涉及,故本题选 ABC。

166. 当车辆发生爆胎时,出租汽车驾驶员应做到以下哪些方面？(　　)

　　A. 紧握转向盘

　　B. 控制方向

　　C. 轻踏制动踏板,使车辆缓慢减速,避免紧急制动

　　D. 猛踩制动踏板,尽量减速,设法尽快停车

正确答案：ABC

【试题解析】

轮胎突然爆裂是影响安全行车的极大隐患。

(1) 后轮胎爆破,车尾会摇摆不定,但方向一般不会失控,主要保持镇定,双手紧握放转向盘,便可控制车辆保持直线行驶。

(2) 前轮胎爆破,危险较大,一旦爆胎,车辆方向会立刻向爆胎车轮一侧跑偏,直接影响驾驶员对转向盘的控制。此时,驾驶员双手要紧握转向盘,松抬加速踏板,极力控制车辆直线行驶。若车辆已经转向,也不要过度矫正,要在控制住车辆行驶方向的情况下,轻踏制动踏板(禁止紧急制动),车辆缓慢减速,待车速降至适当的时候,再平稳将车辆逐渐停靠在路边。

选项 D 错误,故本题选 ABC。

167. 暴雨天气行车时,应降低车速,尽量避免通过积水路段。如果一定要通过积水处时,驾驶员应采取的正确处理方式包括(　　)。

　　A. 停车观察水的实际深度,在保证安全的前提下,挂低挡,稳住加速踏板,缓慢通过

　　B. 快速通过积水区,以免陷入水坑

　　C. 车速不宜过快,不得采取猛踩制动踏板、中途停车、换挡或急转方向等操作

　　D. 开启雾灯、示廓灯,必要时开启近光灯,严格控制车速,保持车距

　　E. 行车时可根据道路两旁树木、电线杆等参照物判断行驶路线

正确答案：AC

【试题解析】

如果一定要通过积水处时,应该用低挡行车,车速不要太快,稳住加速踏板,不可中途停车、换挡或急转方向,即使用空挡也要不断地踩踏加速踏板,保持发动机的排气压力高于水压,就可以避免汽车熄火时排气管回流进水,使排气系统受损。如果水深没过车轮中心或排气管,最好不要通行,避免通过时发动机熄火。

故本题选 AC。

168. 关于出租汽车驾驶员应急驾驶操作,以下说法错误的是(　　)。

　　A. 车辆发生火灾时,应立即停车,关闭发动机,协助乘客安全撤离,无需采取有效灭火措施

　　B. 车辆发生落水时,应立即设法开启车门或敲碎车窗玻璃,协助乘客安全撤离

　　C. 车辆发生故障或交通事故时,应协助乘客下车至安全区域,并迅速打开危险报警闪光灯,按规定放置三角警告牌

D. 车辆发生事故导致有乘客受伤时,应立即拨打急救和报警电话,并视情采取相应急救措施

E. 车辆发生制动失灵时,应紧握转向盘,控制方向,尽量不要减速,缓慢停车

正确答案:AE

【试题解析】

当车辆发生火灾时,应立即停车,关闭发动机,协助乘客安全撤离,视情采取合适的灭火措施,如果火源不明或不知怎样灭火,尤其是易燃易爆危险品着火,应立即远离现场。

当车辆发生制动失灵时,应紧握转向盘,控制方向,立即抬松加速踏板,实施发动机制动,尽可能利用转向避让障碍物。同时利用驻车制动器或"抢挡"等方法设法减速停车。

故本题选 AE。

169.下列常见突发事件应急处置方法错误的有哪些?（　　）

A. 车辆发生火灾时,如果火势较大,蔓延迅速,短时间无法控制,应先迅速组织人员撤离,并告知往来及周围人员远离着火车辆,驾驶员可使用灭火器继续控制火势

B. 车辆爆胎时如果是后轮爆胎,此时应该立即握稳转向盘,反复轻踩踏板,采用收油减挡的方式将汽车缓慢停下

C. 暴雨天气行车,通过积水处时,特别是较大积水路段时,如立交桥下、深槽隧道等,要注意观察水的深度,应该用高挡行车,加速通过

D. 雨季在山区行驶时,应提高警惕,发现前方公路边坡是否有异动迹象,如有滚石、溜土、树木歪斜或倾倒等,应立即减速或停车检查,确认安全后加速通过,避免山体滑坡砸伤车辆

正确答案:AC

【试题解析】

车辆发生火灾时,如果火势较大,蔓延迅速,短时间无法控制,应先迅速组织人员撤离,并告知往来及周围人员远离着火车辆,驾驶员也应远离现场,等待消防人员灭火。故 A 选项错误。

暴雨天气行车,通过积水处时,特别是较大积水路段时,如立交桥下、深槽隧道等,要注意观察水的深度,应该用低挡位行车,车速不要太快,稳住加速踏板,不可中途停车、换挡或急转方向,即使用空挡也要不断地踩踏加速踏板,保持发动机的排气压力高于水压,这样就可以避免汽车熄火时排气管回流进水,使排气系统受损。如果水深没过车轮中心或排气管,最好不要通行,避免通过时发动机熄火。故 C 选项错误。

故本题选 AC。

170.依据《出租汽车驾驶员从业资格管理规定》,出租汽车驾驶员岗前培训内容应包含以下哪些方面?（　　）

A. 运营管理　　　　　　　　B. 事故报告

C. 车辆使用维护与修理　　　D. 安全驾驶

正确答案:ABCD

【试题解析】

《出租汽车驾驶员从业资格管理规定》第二十五条规定,"交通运输部统一制定出租汽车驾驶员继续教育大纲并向社会公布。继续教育大纲内容包括出租汽车相关政策法规、社会责任和职业道德、服务规范、安全运营和节能减排知识等。"

故本题选 ABCD。

171. 依据《出租汽车服务质量信誉考核办法》,出租汽车行政主管部门、出租汽车企业应当按照相关规定,分别建立出租汽车驾驶员服务质量信誉档案,包含以下哪些方面内容?（   ）

    A.基本情况   B.遵守法规情况   C.安全生产情况   D.经营服务情况

正确答案:ABCD

【试题解析】

《出租汽车服务质量信誉考核办法》第二十八条规定,"出租汽车行政主管部门、出租汽车企业应当按照相关规定,分别建立出租汽车驾驶员服务质量信誉档案。"

"出租汽车驾驶员服务质量信誉档案应当包括下列内容:

"(一)基本情况,包括出租汽车驾驶员的姓名、性别、身份证号、住址、联系电话、服务单位、初领驾驶证日期、准驾车型、从业资格证号以及从业资格证件领取、注册和变更记录、培训教育等情况;

"(二)遵守法规情况,包括查处出租汽车驾驶员违法行为等情况;

"(三)安全生产情况,包括交通责任事故的时间、地点、死伤人数、经济损失、交通事故责任认定和处理等情况;

"(四)经营服务情况,包括乘客投诉、媒体曝光的服务质量事件等情况。"

故本题选 ABCD。

172. 依据《出租汽车服务质量信誉考核办法》,(   )应当按照相关规定,分别建立出租汽车驾驶员服务质量信誉档案。

    A.出租汽车行政主管部门   B.出租汽车企业
    C.出租汽车协会   D.出租汽车驾驶员

正确答案:AB

【试题解析】

《出租汽车服务质量信誉考核办法》第二十八条规定,"出租汽车行政主管部门、出租汽车企业应当按照相关规定,分别建立出租汽车驾驶员服务质量信誉档案。"

故本题选 AB。

173. 依据《出租汽车驾驶员从业资格管理规定》,出租汽车驾驶员档案应包括以下哪些内容?(   )

    A.从业资格考试申请材料、从业资格证申请、注册及补(换)发记录
    B.违法行为记录

C. 交通责任事故情况

D. 继续教育记录和服务质量信誉考核结果

正确答案：ABCD

【试题解析】

《出租汽车驾驶员从业资格管理规定》第三十七条规定，"出租汽车行政主管部门应当建立出租汽车驾驶员从业资格管理档案。出租汽车驾驶员从业资格管理档案包括：从业资格考试申请材料、从业资格证申请、注册及补(换)发记录、违法行为记录、交通责任事故情况、继续教育记录和服务质量信誉考核结果等。"

故本题选 ABCD。

174. 依据《网络预约出租汽车经营服务管理暂行办法》，从事网约车服务的驾驶员，应当符合以下条件(　　)。

A. 取得相应准驾车型机动车驾驶证并具有3年以上驾驶经历

B. 无交通肇事犯罪、危险驾驶犯罪记录，无吸毒记录，无饮酒后驾驶记录

C. 最近连续2个记分周期内记满12分记录

D. 无暴力犯罪记录

正确答案：ABD

【试题解析】

《网络预约出租汽车经营服务管理暂行办法》第十四条规定，"从事网约车服务的驾驶员，应当符合以下条件：

"(一)取得相应准驾车型机动车驾驶证并具有3年以上驾驶经历；

"(二)无交通肇事犯罪、危险驾驶犯罪记录，无吸毒记录，无饮酒后驾驶记录，最近连续3个记分周期内没有记满12分记录；

"(三)无暴力犯罪记录；

"……"

C 选项错误，故本题选 ABD。

175. 根据《出租汽车运营服务规范》，出租汽车驾驶员遇到下列哪些情形时(　　)，可拒绝提供出租汽车运营服务。

A. 乘客在禁止停车路段扬手招车

B. 乘客携带易燃、易爆、有毒有害、放射性、传染性等违禁物品乘车

C. 醉酒者、精神病患者等在无人陪同或监护下乘车

D. 乘客目的地超出省、市、县境或夜间去偏僻地区而不按规定办理登记或相关手续

正确答案：ABCD

【试题解析】

《出租汽车运营服务规范》(GB/T 22485—2021)第7.2节"运营过程"中第7.2.12条规定，"遇下列情形，可拒绝提供出租汽车运营服务：

"a)乘客携带易燃、易爆、有毒有害、放射性、传染性等违禁物品乘车;

"b)醉酒者、精神病患者等在无人陪同或监护下乘车;

"c)携带影响车内卫生条件的物品和动植物;

"d)携带行李超过行李厢容积。"

故本题选 ABCD。

176. 关于出租汽车驾驶员在起步及停车时,下列说法正确的是( )。

  A. 车辆起步和停车前一定要提前观察路况并开启转向灯

  B. 停车时应尽量靠近道路右侧边缘,引导乘客从右侧车门上下车

  C. 遇到乘客扬手召唤时,应先观察路况再靠边停车

  D. 在交叉路口等候交通信号灯或因拥堵停车时,劝阻乘客不要在道路中央下车

正确答案:ABCD

【试题解析】

驾驶员在接送乘客时,车辆起步和停车特别频繁,很多交通事故因驾驶员在起步和停车时观察不仔细而发生,因此,驾驶员在停车和起步时要多观察。①车辆起步和停车前一定要提前观察路况并开启转向灯;②停车时尽量靠近道路右侧边缘,引导乘客从右侧车门上下车,尤其在乘客下车时,驾驶员要用右侧后视镜观察并提醒乘客注意后方情况,避免与同方向非机动车和行人发生碰撞;③遇有乘客扬手召唤时,先观察路况再靠边停车,不得强行停靠或强行并线,避免与同方向车辆和非机动车发生碰撞;④在交叉路口等候交通信号灯或因拥堵停车时,劝阻乘客不要在道路中央下车。

故本题选 ABCD。

177. 关于出租汽车驾驶员雨天行车注意事项,下列说法正确的是( )。

  A. 及早打开刮水器,根据雨量的大小调节刮水器挡位,尽量保持视线清晰

  B. 控制车速,不要紧急制动或急转方向,要充分利用发动机制动减速

  C. 遇到行人、骑车人时,提前减速、鸣喇叭,与其保持安全距离,避免发生交通事故

  D. 暴雨天,刮水器难以刮净雨水以致视线受阻时,应立即选择安全地点停车,同时开启危险报警闪光灯,谨慎驾驶

正确答案:ABCD

【试题解析】

雨天直接影响行车安全的因素是视线受阻和路面湿滑。车轮与路面间的附着力降低,车辆制动或转向时,很容易发生侧滑。因此,需要:①及早打开刮水器,根据雨量的大小调节刮水器的挡位,尽量保持视线清晰;②控制车速,不要紧急制动或急转方向,要充分利用发动机制动减速;③遇到行人、骑车人时,提前减速、鸣喇叭,与其保持安全距离,避免行人、骑车人突然窜到行车道上、转向或滑倒发生交通事故;④暴雨天,刮水器难以刮净雨水以致视线受阻时,应立即选择安全地点停车,同时开启危险报警闪光灯,不得强行驾驶。

故本题选 ABCD。

178. 关于出租汽车驾驶员冰雪路面行车注意事项,下列说法正确的是( )。
    A. 有条件的,尽可能在车轮上加装防滑链
    B. 如果起步时车轮打滑及空转,应清除车轮下的冰雪,在驱动轮下铺垫沙土等防滑材料
    C. 跟车行驶时,与前车保持足够的纵向安全距离,注意观察前车动态,前车制动减速时,应采用间歇制动和发动机制动的方法减速,切忌紧急制动
    D. 会车时,应提前减速并靠右行驶,保持足够的横向安全距离

正确答案:ABCD

【试题解析】

冰雪路面,道路溜滑,车辆制动距离增加,制动和转向时车辆容易侧滑,由于积雪对日光反射强烈,极易造成驾驶员眩目。①有条件的,尽可能在车轮上加装防滑链,驾驶员应佩戴合适的墨镜;②如果起步时车轮打滑及空转,应清除车轮下的冰雪,在驱动轮下铺垫沙土、炉渣等防滑材料;③跟车行驶时,与前车保持足够的纵向安全距离,注意观察前车的动态,前车制动减速时,应采用间歇制动和发动机制动的方法减速,切忌紧急制动;④会车时,应提前减速并靠右侧行驶,保持足够的横向安全距离,超车时,选择较宽的路段,在确认前车让超车后,在保证安全的情况下谨慎超车。

故本题选 ABCD。

179. 关于出租汽车驾驶员雾天行车注意事项,下列说法正确的是( )。
    A. 及时开启前后雾灯及示廓灯,浓雾时还应打开近光灯和危险报警闪光灯
    B. 严格控制车速,适当加大与前车的纵向安全距离
    C. 会车时,要选择较宽的路段,提前减速并靠右侧行驶,保持足够的横向安全距离
    D. 在浓雾中行驶,应多鸣喇叭引起行人、非机动车和车辆的注意

正确答案:ABCD

【试题解析】

雾天由于能见度低,驾驶员的视线缩短、视野变窄、视线模糊,极易发生交通事故。①及时开启前雾灯及示廓灯,能见度小于 50 米时可打开后雾灯,浓雾时还应打开近光灯和危险报警闪光灯;②严格控制车速,适当加大与前车的纵向安全距离;③会车时,要选择较宽的路段,关闭雾灯并适当鸣喇叭,提前减速并靠右侧行驶,保持足够的横向安全距离;④严禁超车,如果前车靠路边停驶,应在确认其没有起步意图时,适当鸣喇叭低速绕过;⑤在浓雾中行驶,还应多鸣喇叭引起行人、非机动车和车辆的注意,听到对向车辆鸣喇叭时要及时回应。

故本题选 ABCD。

180. 关于出租汽车驾驶员隧道行车注意事项,下列说法正确的是( )。
    A. 驶近隧道时,及时开启前照灯、示廓灯和尾灯,按照隧道口前的限速规定调整车速,并通过车速表确认

B. 驶入隧道后,应将视线注意点移到远处,不要盯着隧道两侧壁,同时保持与前车纵向安全距离

C. 严禁在隧道内变更车道、超车和停车

D. 驶出隧道时,车辆可能会受到横风的影响而偏移,此时应握紧转向盘,通过微调转向盘控制车辆的行驶方向

正确答案:ABCD

【试题解析】

隧道环境较为密闭,内部光线较暗,行车环境相对较差,驾驶员应小心谨慎,减速慢行。①驶近隧道时,及时开启前照灯、示廓灯和尾灯,按照隧道口前的限速规定调整车速,并通过车速表确认;②驶入隧道后,驾驶员应将视线注意点移到远处,不要盯着隧道两侧壁,同时保持与前车纵向安全距离;③严禁在隧道内变更车道、超车和停车;④驶出隧道时,车辆可能会受到横风的影响而偏移,此时应握紧转向盘,通过微调转向盘控制车辆的行驶方向。

故本题选 ABCD。

181.关于导致出租汽车驾驶员疲劳驾驶的原因,下列说法正确的是(   )。

　　A.驾驶时间安排不合理

　　B.睡眠质量差

　　C.驾驶环境差

　　D.生活环境与生活习惯差

正确答案:ABCD

【试题解析】

疲劳驾驶是指驾驶员在休息不好或长时间连续驾车后,产生心理机能和生理机能的失调,而在客观上出现驾驶安全性下降的现象。疲劳驾驶会影响到驾驶员的注意力、感觉、知觉、思维、判断、意志和操控能力等诸多方面,是导致交通事故发生的重要原因之一。导致疲劳驾驶的原因有如下六点:①驾驶时间安排不合理;②睡眠质量差;③驾驶环境差,生活环境与生活习惯差;④驾驶经验不足;⑤身体条件不适应。

故本题选 ABCD。

182.关于出租汽车驾驶员文明礼让机动车,下列说法正确的是(   )。

　　A.遇到违章超车和强行占道行驶的车辆,应注意避让

　　B.发现前方道路或路口堵塞时,应按顺序减速或停车,耐心等待道路或路口疏通,不能以任何方式强行加塞

　　C.遇到路口情况复杂时,应做到"宁停三分,不抢一秒"

　　D.与其他车辆人员发生争执时,应耐心说明和解释,不要带着情绪驾车

正确答案:ABCD

【试题解析】

行驶过程中,经常会遇到其他车辆占道抢行、强行超车等不文明行为。此时,驾驶员应保

持冷静的心态,宽容大度、注意礼让,尽量注意避免争端。①遇到违章超车和强行占道行驶的车辆,应注意避让;②发现前方道路或路口堵塞时,应按顺序减速或停车,耐心等待道路或路口疏通,不能以任何方式强行加塞;③当对方车辆主动让行时,可低声短促鸣喇叭以示感谢;④在狭窄路段会车时,应做到礼让三先:先慢、先让、先停,遇到路口情况复杂时,应做到"宁停三分,不抢一秒";⑤与其他车辆人员发生争执时,应耐心说明和解释,不要带着情绪驾车。

故本题选 ABCD。

183. 关于出租汽车驾驶员文明礼让行人和非机动车,下列说法正确的是( )。

　　A. 在学校附近或看到"注意儿童"的标志时,必须格外注意,提前减速或停车,以防儿童突然跑出来,甚至横穿道路

　　B. 遇到老年人时,应适当降低车速,可以提前鸣喇叭,切不可盲目从其身后绕行

　　C. 遇到盲人时应降低车速,提前避让,切忌鸣喇叭

　　D. 夜间遇到骑自行车人时,应使用近光灯,同时减速或停车

正确答案:ABCD

【试题解析】

出租汽车驾驶员要文明礼让行人和非机动车。

(1)保护儿童的安全。在学校附近或看到"注意儿童"的标志时,必须格外注意,提前减速或停车,以防儿童突然跑出来,甚至横穿道路。

(2)保护老年人的安全。驾驶车辆遇到老年人时,应适当降低车速,可以提前鸣喇叭,切不可盲目从其身后绕行。

(3)保护残疾人的安全。驾驶车辆遇到盲人时应降低车速,提前避让,切忌鸣喇叭。驾驶车辆遇到聋哑人时,应尽快减速,在离其较远处通过。

(4)保护非机动车的安全。驾驶车辆遇到骑自行车人时,可以提前鸣喇叭,通过时应与其保持足够大的横向安全距离。夜间遇骑自行车人时,应使用近光灯,同时减速或停车。

故本题选 ABCD。

184. 关于出租汽车驾驶员在特殊路段保护行人和非机动车安全,下列说法正确的是( )。

　　A. 接近人行横道时,注意观察人行横道及其周围行人、非机动车的动态。有行人、非机动车横穿或即将横穿道路时,必须在人行横道前停下

　　B. 接近没有人行横道的交叉路口或附近时,只要发现有行人、非机动车横穿道路,就应该减速或停车

　　C. 在没有信号灯的交叉路口,转弯时应减速,必要时停车,让直行的行人、非机动车先行

　　D. 经过公共汽车站时,上下车的乘客经常会突然横穿道路,应该让过往的乘客先行,必要时停车等待

正确答案:ABCD

【试题解析】

出租汽车驾驶员要在特殊路段保护行人和非机动车安全。①接近人行横道时,应注意

观察人行横道及其周围行人、非机动车的动态,有行人、非机动车横穿或即将横穿道路时,必须在人行道前停下;②接近没有人行横道的交叉路口或附近时,只要发现有行人、非机动车横穿道路,就应该减速或停车,尽量让行人和非机动车安全通过;③在没有信号灯的交叉路口,转弯时应减速,必要时停车,让直行的行人、非机动车先行;④经过公共汽车站时,上下车的乘客经常会突然横穿道路,应该让过往的乘客先行,必要时停车等待。

故本题选 ABCD。

185.若出租汽车驾驶员在行驶过程中发现车辆起火,下列说法正确的是(　　)。

A. 将车辆停在远离加油站、建筑物、高压电线等易燃物品的空旷地带,设法救火,确保火势不再蔓延

B. 逃离火灾前,关闭发动机点火开关,设法与乘客迅速撤离驾驶室

C. 当火焰逼近,无法躲避时,应及早脱去化纤类衣服,注意保护裸露的皮肤,不要张嘴呼吸或高声呼喊

D. 及时报警,视火情采取合适的灭火措施,若易燃易爆物品着火,应立即远离现场,等待消防人员来灭火

正确答案:ABCD

【试题解析】

当车辆起火时,要防止火势蔓延。①将车辆停在远离加油站、建筑物、高压电线等易燃物品的空旷地带,设法救火,确保火势不再蔓延;②在高速公路行车发生火灾时,要将车辆停靠在路肩上,并尽可能远离高速公路的收费站、服务区、停车场等公共场所,以防引起更大的损失。

要尽快逃离火灾。①逃离火灾前,关闭发动机点火开关,设法与乘客迅速撤离驾驶室,逃离时若无法打开驾驶室门,应用车上的坚硬物体敲碎风窗玻璃;②当火焰逼近,无法躲避时,应及早脱去化纤类衣服,注意保护裸露的皮肤,不要张嘴呼吸或高声呼喊,防止灼伤上呼吸道;③及时报警,视火情采取合适的灭火措施,如果火源不明或不知怎样灭火,尤其是易燃易爆物品着火,应立即远离现场,等待消防人员来灭火。

故本题选 ABCD。

186.若纯电动出租汽车起火,下列说法正确的是(　　)。

A. 驾驶员要迅速停车,切断电源

B. 取下随车携带的灭火器,依据实际情况灭火

C. 灭火时可用水冲蓄电池

D. 遇有明火,可用干粉灭火器灭火

正确答案:ABD

【试题解析】

纯电动出租汽车起火时,驾驶员要迅速停车,切断电源取下随车携带的灭火器,依据实际情况灭火。遇有明火可以用干粉灭火器灭火(磷酸铁锂蓄电池可以用水、黄沙、灭火毯、土

坏、干粉灭火器、二氧化碳灭火器灭火)。灭火时禁用水冲蓄电池,防止更大规模的蓄电池短路造成蓄电池燃烧。

选项 C 错误,故本题选 ABD。

187. 关于出租汽车车辆灭火方法,下列说法正确的是(　　)。

  A. 燃油着火时,要做好油箱防爆工作,并切断油路,选择适用的灭火器灭火

  B. 水可以用于熄灭布匹和轮胎引起的火焰,但不能用来熄灭电器、汽油引起的火焰

  C. 发动机着火时,要将发动机关闭,尽量不打开发动机舱盖,从车身通气孔、散热器及车底侧进行灭火

  D. 因翻车、撞车等交通事故引起火灾时,首先抢救伤员,并对车辆采取有效补救措施

正确答案:ABCD

【试题解析】

水可以用于熄灭布匹和轮胎引起的火焰,但不能用来熄灭电器、汽油引起的火焰。燃油着火时,要做好油箱防爆工作,并切断油路,选择适用的灭火器灭火;若无灭火器,可用路边沙土或厚布、工作服等覆盖灭火以防火势蔓延。发动机着火时,要将发动机关闭,尽量不打开发动机舱盖,从车身通气孔、散热器及车底侧进行灭火。因翻车、撞车等交通事故引起火灾时,首先抢救伤员,并对车辆采取有效补救措施,如用路边地里的沙土掩盖或用衣服浸水扑盖,使火焰熄灭。

故本题选 ABCD。

188. 根据《出租汽车运营服务规范》(GB/T 22485—2021),关于出租汽车车辆管理,下列说法正确的是(　　)。

  A. 出租汽车车辆配备灭火器、安全锤、故障警示牌等安全设施设备

  B. 车辆应按要求安装车辆卫星定位装置、应急报警装置

  C. 应定期检查车辆,并建立完整的车辆维修、保养记录

  D. 出租汽车车辆可自行改装后到管理部门备案

正确答案:ABC

【试题解析】

《出租汽车运营服务规范》(GB/T 22485—2021)第 8.1 节规定:

"8.1.4　应定期检查车辆,并建立完整的车辆维修、保养记录。

"8.1.5　应定期检查车辆消防器材,对过期消防器材应及时报废、更新。

"8.1.6　有条件的应利用信息系统,加强对车辆运行状况的动态监测,加强对驾驶员酒后驾驶、疲劳驾驶和超速驾驶等行为的监督检查。"

D 选项错误,出租汽车车辆不可自行改装,故本题选 ABC。

189. 关于出租汽车出车前绕车检查内容,包括(　　)。

  A. 车辆外观,包括车灯有无破损、车辆牌号是否清晰

B.轮胎,包括轮胎气压是否正常、有无液体渗漏现象

C.车辆周边环境,包括车辆周围及车底是否有影响车辆正常通行的障碍物

D.车辆卫星定位装置是否完好可用

正确答案:ABC

【试题解析】

出车前,驾驶员要养成绕车检查的习惯。绕车检查过程中,驾驶员要检查车辆外观、车辆周围及车底是否有妨碍驾驶的安全隐患,待确认安全后方可上车。绕车检查的内容包括:①车辆外观,包括车灯有无破损,车辆牌号是否清晰等;②轮胎,包括轮胎气压是否正常,有无液体渗漏现象;③车辆周边环境,包括车辆周围及车底是否有影响车辆正常通行的障碍物。

故本题选 ABC。

190.关于出租汽车安全装置检查,以下说法正确的是( )。

A.安全带伸缩自如,自动锁止功能正常

B.灭火器可忽略有效期,只要外观及压力表完好即可

C.车门处于正常开闭状态,车窗升降功能有效

D.应急报警装置和具有行驶记录功能的车辆卫星定位装置完好有效

正确答案:ACD

【试题解析】

出租汽车安全装置检查内容包括:①应急报警装置和具有行驶记录功能的车辆卫星定位装置完好有效;②车门处于正常开闭状态,车窗升降功能有效;③音视频监控系统车载终端状态良好;④灭火器在有效期内,压力表完好且指针处于绿色区域,铅封完好,喷管无老化;⑤安全带伸缩自如,自动锁止功能正常。

故本题选 ACD。

191.依据《出租汽车驾驶员从业资格管理规定》,关于出租汽车驾驶员继续教育内容,包括的是( )。

A.出租汽车安全运营和节能减排知识

B.出租汽车驾驶员的社会责任和职业道德

C.出租汽车驾驶员相关服务规范

D.出租汽车驾驶员从业条件

正确答案:ABC

【试题解析】

《出租汽车驾驶员从业资格管理规定》第二十五条规定,"交通运输部统一制定出租汽车驾驶员继续教育大纲并向社会公布。继续教育大纲内容包括出租汽车相关政策法规、社会责任和职业道德、服务规范、安全运营和节能减排知识等。"

D 选项不涉及,故本题选 ABC。

192. 依据《出租汽车驾驶员从业资格管理规定》,关于出租汽车驾驶员从业资格管理档案,包括的是(   )。

　　A. 从业资格考试申请材料
　　B. 继续教育记录和服务质量信誉考核结果
　　C. 驾驶员学历证明
　　D. 违法行为记录、交通责任事故情况

正确答案:ABD

【试题解析】

《出租汽车驾驶员从业资格管理规定》第三十七条规定,"出租汽车行政主管部门应当建立出租汽车驾驶员从业资格管理档案。出租汽车驾驶员从业资格管理档案包括:从业资格考试申请材料、从业资格证申请、注册及补(换)发记录、违法行为记录、交通责任事故情况、继续教育记录和服务质量信誉考核结果等。"

C 选项不涉及,故本题选 ABD。

193. 依据《网络预约出租汽车经营服务管理暂行办法》,关于网约车车辆报废相关规定,下列说法正确的是(   )。

　　A. 网约车行驶里程达到 60 万千米时强制报废
　　B. 网约车车辆使用年限达到 8 年时强制报废
　　C. 网约车行驶里程未达到 60 万千米但使用年限达到 8 年时,退出网约车经营
　　D. 小、微型非营运载客汽车登记为预约出租客运的,按照网约车报废标准报废

正确答案:ACD

【试题解析】

《网络预约出租汽车经营服务管理暂行办法》第三十九条规定,"网约车行驶里程达到 60 万千米时强制报废。行驶里程未达到 60 万千米但使用年限达到 8 年时,退出网约车经营。小、微型非营运载客汽车登记为预约出租客运的,按照网约车报废标准报废。其他小、微型营运载客汽车登记为预约出租客运的,按照该类型营运载客汽车报废标准和网约车报废标准中先行达到的标准报废。"

B 选项错误,故本题选 ACD。

三、判断题

194. 依据《国务院办公厅关于深化改革推进出租汽车行业健康发展的指导意见》(国办发〔2016〕58 号),网约车平台公司是运输服务的提供者,应具备线上线下服务能力,承担承运人责任和相应社会责任。

正确答案:√

【试题解析】

《国务院办公厅关于深化改革推进出租汽车行业健康发展的指导意见》(国办发〔2016〕58 号)规定,"网约车平台公司是运输服务的提供者,应具备线上线下服务能力,承担承运人

责任和相应社会责任。"

故此说法正确。

195. 依据《巡游出租汽车经营服务管理规定》,乘客要求去偏远、冷僻地区或者夜间要求驶出城区的,巡游出租汽车驾驶员可以要求乘客随同到就近的有关部门办理验证登记手续;乘客不予配合的,驾驶员有权拒绝提供服务。

正确答案:√

【试题解析】

《巡游出租汽车经营服务管理规定》第二十六条规定,"乘客要求去偏远、冷僻地区或者夜间要求驶出城区的,驾驶员可以要求乘客随同到就近的有关部门办理验证登记手续;乘客不予配合的,驾驶员有权拒绝提供服务。"

故此说法正确。

196. 依据《巡游出租汽车经营服务管理规定》,巡游出租汽车经营者应当保障聘用人员合法权益,依法与其签订劳动合同或者经营合同。

正确答案:√

【试题解析】

《巡游出租汽车经营服务管理规定》第三十三条规定,"巡游出租汽车经营者应当按照有关法律法规的规定保障驾驶员的合法权益,规范与驾驶员签订的劳动合同或者经营合同。"

故此说法正确。

197. 依据《巡游出租汽车经营服务管理规定》,醉酒者或者精神病患者乘坐出租汽车时,可不必有陪同(监护)人员。

正确答案:×

【试题解析】

《巡游出租汽车经营服务管理规定》第二十五条规定,"巡游出租汽车乘客应当遵守下列规定:

"……

"(五)醉酒者或者精神病患者乘车的,应当有陪同(监护)人员;

"……"

故此说法错误。

198. 依据《巡游出租汽车经营服务管理规定》,巡游出租汽车经营者应当制定包括报告程序、应急指挥、应急车辆以及处置措施等内容的突发公共事件应急预案。

正确答案:√

【试题解析】

《巡游出租汽车经营服务管理规定》第三十七条规定,"巡游出租汽车经营者应当制定包括报告程序、应急指挥、应急车辆以及处置措施等内容的突发公共事件应急预案。"

故此说法正确。

199. 依据《巡游出租汽车经营服务管理规定》,巡游出租汽车驾驶员应当建立车辆技术管理制度,按照车辆维护标准定期维护车辆。

正确答案:×

【试题解析】

《巡游出租汽车经营服务管理规定》第三十五条规定,"巡游出租汽车经营者应当建立车辆技术管理制度,按照车辆维护标准定期维护车辆。"

故此说法错误。

200. 依据《网络预约出租汽车经营服务管理暂行办法》,网约车平台公司不必对驾驶员开展有关法律法规、职业道德、服务规范、安全运营等方面的岗前培训和日常教育。

正确答案:×

【试题解析】

《网络预约出租汽车经营服务管理暂行办法》第十八条规定,网约车平台公司应当维护和保障驾驶员合法权益,开展有关法律法规、职业道德、服务规范、安全运营等方面的岗前培训和日常教育……"

故此说法错误。

201. 依据《网络预约出租汽车经营服务管理暂行办法》,网约车平台公司应当加强安全管理,落实运营、网络等安全防范措施,严格数据安全保护和管理,提高安全防范和抗风险能力,支持配合有关部门开展相关工作。

正确答案:√

【试题解析】

《网络预约出租汽车经营服务管理暂行办法》第二十四条规定,"网约车平台公司应当加强安全管理,落实运营、网络等安全防范措施,严格数据安全保护和管理,提高安全防范和抗风险能力,支持配合有关部门开展相关工作。"

故此说法正确。

202. 依据《网络预约出租汽车经营服务管理暂行办法》,网约车平台公司不再具备线上线下服务能力或者有严重违法行为的,由县级以上出租汽车行政主管部门依据相关法律法规的有关规定责令停业整顿、吊销相关许可证件。

正确答案:√

【试题解析】

《网络预约出租汽车经营服务管理暂行办法》第三十五条规定,"网约车平台公司不再具备线上线下服务能力或者有严重违法行为的,由县级以上出租汽车行政主管部门依据相关法律法规的有关规定责令停业整顿、吊销相关许可证件。"

故此说法正确。

203. 根据《出租汽车运营服务规范》,出租汽车经营者应定期检查车辆,并建立完整的车辆维修、保养记录。

正确答案：√

【试题解析】

《出租汽车运营服务规范》（GB/T 22485—2021）第8.1节"经营者安全管理"中第8.1.4条规定，"应定期检查车辆，并建立完整的车辆维修、保养记录。"

故此说法正确。

204.根据《出租汽车运营服务规范》，出租汽车企业应设置专门安全管理部门，对是否配备安全管理人员不要求。

正确答案：×

【试题解析】

《出租汽车运营服务规范》（GB/T 22485—2021）第8.1节"经营者安全管理"中第8.1.1条规定，"应设置专门安全管理部门，配备相应的安全管理人员。"

故此说法错误。

205.依据《网络预约出租汽车经营服务管理暂行办法》，网约车行驶里程达到60万千米时强制报废。行驶里程未达到60万千米但使用年限达到8年时，退出网约车经营。

正确答案：√

【试题解析】

《网络预约出租汽车经营服务管理暂行办法》第三十九条规定，"网约车行驶里程达到60万千米时强制报废。行驶里程未达到60万千米但使用年限达到8年时，退出网约车经营。"

故此说法正确。

206.依据《网络预约出租汽车经营服务管理暂行办法》，网络预约出租汽车经营者应确保网络服务平台提供服务的车辆与实际提供服务的车辆一致。运营期间应确保线上提供服务的驾驶员与线下实际提供服务的驾驶员一致。

正确答案：√

【试题解析】

《网络预约出租汽车经营服务管理暂行办法》第十七条规定，"网约车平台公司应当保证提供服务车辆具备合法营运资质，技术状况良好，安全性能可靠，具有营运车辆相关保险，保证线上提供服务的车辆与线下实际提供服务的车辆一致，并将车辆相关信息向服务所在地出租汽车行政主管部门报备。"第十八条规定，"网约车平台公司应当保证提供服务的驾驶员具有合法从业资格，按照有关法律法规规定，根据工作时长、服务频次等特点，与驾驶员签订多种形式的劳动合同或者协议，明确双方的权利和义务。网约车平台公司应当维护和保障驾驶员合法权益，开展有关法律法规、职业道德、服务规范、安全运营等方面的岗前培训和日常教育，保证线上提供服务的驾驶员与线下实际提供服务的驾驶员一致，并将驾驶员相关信息向服务所在地出租汽车行政主管部门报备。"

故此说法正确。

207. 依据《国务院办公厅关于深化改革推进出租汽车行业健康发展的指导意见》(国办发〔2016〕58号),新增出租汽车经营权全部实行无偿使用,并不得变更经营主体。

正确答案:√

【试题解析】

《国务院办公厅关于深化改革推进出租汽车行业健康发展的指导意见》明确,"新增出租汽车经营权一律实行期限制,不得再实行无期限制,具体期限由城市人民政府根据本地实际情况确定。新增出租汽车经营权全部实行无偿使用,并不得变更经营主体。"

故此说法正确。

208. 依据《出租汽车驾驶员从业资格管理规定》,国家对从事出租汽车客运服务的驾驶员实行从业资格制度,出租汽车驾驶员从业资格包括巡游出租汽车驾驶员从业资格和网络预约出租汽车驾驶员从业资格等。

正确答案:√

【试题解析】

《出租汽车驾驶员从业资格管理规定》第三条规定,"国家对从事出租汽车客运服务的驾驶员实行从业资格制度。出租汽车驾驶员从业资格包括巡游出租汽车驾驶员从业资格和网络预约出租汽车驾驶员从业资格等。"

故此说法正确。

209. 依据《出租汽车驾驶员从业资格管理规定》,取得从业资格证的出租汽车驾驶员,应当经出租汽车行政主管部门从业资格注册后,方可从事出租汽车客运服务。

正确答案:√

【试题解析】

《出租汽车驾驶员从业资格管理规定》第十六条规定,"取得从业资格证的出租汽车驾驶员,应当经出租汽车行政主管部门从业资格注册后,方可从事出租汽车客运服务。"

故此说法正确。

210. 依据《出租汽车驾驶员从业资格管理规定》,经从业资格考试合格的出租汽车驾驶员,在从事出租汽车客运服务时,无须携带从业资格证。

正确答案:×

【试题解析】

《出租汽车驾驶员从业资格管理规定》(交通运输部令2021年第15号)第三十三条规定,"出租汽车驾驶员在从事出租汽车客运服务时,应当携带从业资格证。"

故此说法错误。

211. 依据《网络预约出租汽车经营服务管理暂行办法》,网约车平台公司仅是运输服务信息提供商,不必承担承运人责任。

正确答案:×

【试题解析】

《网络预约出租汽车经营服务管理暂行办法》第十六条规定,"网约车平台公司承担承运人责任,应当保证运营安全,保障乘客合法权益。"

故此说法错误。

212.依据《网络预约出租汽车经营服务管理暂行办法》,由于网约车平台公司与驾驶员未签订劳动合同,可不对驾驶员开展安全培训。

正确答案:×

【试题解析】

《网络预约出租汽车经营服务管理暂行办法》第十八条规定,"网约车平台公司应当保证提供服务的驾驶员具有合法从业资格,按照有关法律法规规定,根据工作时长、服务频次等特点,与驾驶员签订多种形式的劳动合同或者协议,明确双方的权利和义务。网约车平台公司应当维护和保障驾驶员合法权益,开展有关法律法规、职业道德、服务规范、安全运营等方面的岗前培训和日常教育,保证线上提供服务的驾驶员与线下实际提供服务的驾驶员一致,并将驾驶员相关信息向服务所在地出租汽车行政主管部门报备。"

故此说法错误。

213.依据《出租汽车驾驶员从业资格管理规定》,出租汽车驾驶员取得从业资格证超过3年未申请注册的,注册后上岗前应当完成不少于27学时的继续教育。

正确答案:√

【试题解析】

《出租汽车驾驶员从业资格管理规定》第二十四条规定,"出租汽车驾驶员在注册期内应当按规定完成继续教育。取得从业资格证超过3年未申请注册的,注册后上岗前应当完成不少于27学时的继续教育。"

故此说法正确。

214.依据《出租汽车驾驶员从业资格管理规定》,出租汽车驾驶员有交通肇事犯罪记录的,由发证机关注销其从业资格证。

正确答案:×

【试题解析】

《出租汽车驾驶员从业资格管理规定》第三十九条规定,"出租汽车驾驶员有下列不具备安全运营条件情形之一的,由发证机关撤销其从业资格证,并公告作废:

"……

"(二)有交通肇事犯罪、危险驾驶犯罪记录,有吸毒记录,有饮酒后驾驶记录,有暴力犯罪记录,最近连续3个记分周期内记满12分记录。"

故此说法错误。

215.依据《出租汽车驾驶员从业资格管理规定》,出租汽车经营者应当聘用取得从业资格证的出租汽车驾驶员,并可先上岗再办理从业资格注册。

正确答案:×

【试题解析】

《出租汽车驾驶员从业资格管理规定》第十七条规定,"出租汽车经营者应当聘用取得从业资格证的出租汽车驾驶员,并在出租汽车驾驶员办理从业资格注册后再安排上岗。"

故此说法错误。

216. 根据《出租汽车运营服务规范》,出租汽车运营中遇交通堵塞、道路临时封闭等需改变原行驶路线时,出租汽车驾驶员可自行决定。

正确答案:×

【试题解析】

《出租汽车运营服务规范》(GB/T 22485—2021)第7.2节"运营过程"中第7.2.7条规定,"不应绕路。运营中遇交通堵塞、道路临时封闭等需改变原行驶路线时,需征得乘客同意。"

故此说法错误。

217. 根据《出租汽车运营服务规范》,出租汽车驾驶员驾车时不应操作手机,不应拨打接听移动电话,使用蓝牙耳机等设备除外。

正确答案:√

【试题解析】

《出租汽车运营服务规范》(GB/T 22485—2021)第8.2节"驾驶员行车安全"中第8.2.1.3条规定,"驾车时不应操作手机,不应拨打接听移动电话,使用蓝牙耳机等设备除外。"

故此说法正确。

218. 根据《出租汽车运营服务规范》,出租汽车驾驶员应建立车辆定期检查、维护制度,保证车辆技术状况良好、性能可靠。

正确答案:×

【试题解析】

《出租汽车运营服务规范》(GB/T 22485—2021)第8.1节"经营者安全管理"中第8.1.4条规定,"应定期检查车辆,并建立完整的车辆维修、保养记录。"

故此说法错误。

219. 根据《网络预约出租汽车运营服务规范》,网络预约出租汽车经营者对服务过程中发生的安全责任事故等,应承担先行赔付责任。

正确答案:√

【试题解析】

《网络预约出租汽车运营服务规范》(JT/T 1068—2016)第4.1.3条规定,"对于服务过程中发生的安全责任事故等,应承担先行赔付责任,不应以任何形式向乘客及驾驶员转移运输服务风险。"

故此说法正确。

220. 依据《网络预约出租汽车经营服务管理暂行办法》,网约车平台公司在提供网约车服务时,提供驾驶员姓名、照片、手机号码和服务评价结果,以及车辆牌照等信息。

正确答案:√

【试题解析】

《网络预约出租汽车经营服务管理暂行办法》第十九条规定,"网约车平台公司应当公布确定符合国家有关规定的计程计价方式,明确服务项目和质量承诺,建立服务评价体系和乘客投诉处理制度,如实采集与记录驾驶员服务信息。在提供网约车服务时,提供驾驶员姓名、照片、手机号码和服务评价结果,以及车辆牌照等信息。"

故此说法正确。

221. 根据《出租汽车运营服务规范》,出租汽车驾驶员应树立先人后物的应急处置原则。

正确答案:√

【试题解析】

《出租汽车运营服务规范》(GB/T 22485—2021)第8.2节"驾驶员行车安全"中第8.2.1.1条规定,"应树立安全第一、预防为主的行车理念与先人后物的应急处置原则。"

故此说法正确。

222. 依据《网络预约出租汽车经营服务管理暂行办法》,网约车平台公司是运输服务的提供者,仅需具备线上服务能力。

正确答案:×

【试题解析】

《网络预约出租汽车经营服务管理暂行办法》第五条规定,"申请从事网约车经营的,应当具备线上线下服务能力。"

故此说法错误。

223. 依据《出租汽车驾驶员从业资格管理规定》,出租汽车驾驶员到从业资格证发证机关核定的范围外从事出租汽车客运服务的,应当参加全国公共科目和当地区域科目考试。

正确答案:×

【试题解析】

《出租汽车驾驶员从业资格管理规定》第十五条规定,"出租汽车驾驶员到从业资格证发证机关核定的范围外从事出租汽车客运服务的,应当参加当地的区域科目考试。区域科目考试合格的,由当地设区的市级出租汽车行政主管部门核发从业资格证。"

故此说法错误。

224. 依据《出租汽车驾驶员从业资格管理规定》,出租汽车驾驶员从业资格证全国通用,出租汽车驾驶员到从业资格证发证机关核定的范围外从事出租汽车客运服务的,不用参加考试。

正确答案:×

【试题解析】

《出租汽车驾驶员从业资格管理规定》第十五条规定,"出租汽车驾驶员到从业资格证发证机关核定的范围外从事出租汽车客运服务的,应当参加当地的区域科目考试。区域科目考试合格的,由当地设区的市级出租汽车行政主管部门核发从业资格证。"

故此说法错误。

225.根据《出租汽车驾驶员从业资格管理规定》,取得从业资格证的出租汽车驾驶员,可直接从事出租汽车客运服务。

正确答案:×

【试题解析】

《出租汽车驾驶员从业资格管理规定》第十六条规定,"取得从业资格证的出租汽车驾驶员,应当经出租汽车行政主管部门从业资格注册后,方可从事出租汽车客运服务。"

故此说法错误。

226.依据《巡游出租汽车经营服务管理规定》,出租汽车乘客不得携带易燃、易爆、有毒等危害公共安全的物品乘车。

正确答案:√

【试题解析】

《巡游出租汽车经营服务管理规定》第二十五条规定,"巡游出租汽车乘客应当遵守下列规定:

"(一)不得携带易燃、易爆、有毒等危害公共安全的物品乘车;

"……"

故此说法正确。

227.依据《巡游出租汽车经营服务管理规定》,出租汽车驾驶员因发生道路交通安全违法行为接受处理,不能将乘客及时送达目的地,乘客有权拒绝支付费用。

正确答案:√

【试题解析】

《巡游出租汽车经营服务管理规定》第二十七条规定:

"巡游出租汽车运营过程中有下列情形之一的,乘客有权拒绝支付费用:

"……

"(三)驾驶员因发生道路交通安全违法行为接受处理,不能将乘客及时送达目的地的;

"……"

故此说法正确。

228.依据《中华人民共和国道路交通安全法实施条例》,安全事故发生后,有关单位和人员应当妥善保护事故现场以及相关证据,任何单位和个人不得破坏事故现场、毁灭相关证据。

正确答案:√

【试题解析】

《中华人民共和国道路交通安全法实施条例》第九十二条规定,"发生交通事故后当事人逃逸的,逃逸的当事人承担全部责任。但是,有证据证明对方当事人也有过错的,可以减轻责任。当事人故意破坏、伪造现场、毁灭证据的,承担全部责任。"

故此说法正确。

229. 依据《中华人民共和国道路交通安全法》,机动车与非机动车驾驶人、行人之间发生交通事故,机动车一方没有过错的,不承担赔偿责任。

正确答案:×

【试题解析】

《中华人民共和国道路交通安全法》第七十六条规定,"机动车发生交通事故造成人身伤亡、财产损失的,由保险公司在机动车第三者责任强制保险责任限额范围内予以赔偿;不足的部分,按照下列规定承担赔偿责任:

"(一)机动车之间发生交通事故的,由有过错的一方承担赔偿责任;双方都有过错的,按照各自过错的比例分担责任。

"(二)机动车与非机动车驾驶人、行人之间发生交通事故,非机动车驾驶人、行人没有过错的,由机动车一方承担赔偿责任;有证据证明非机动车驾驶人、行人有过错的,根据过错程度适当减轻机动车一方的赔偿责任;机动车一方没有过错的,承担不超过百分之十的赔偿责任。"

故此说法错误。

230. 依据《中华人民共和国道路交通安全法》,饮酒后或者醉酒驾驶机动车发生重大交通事故,终生不得重新取得机动车驾驶证。

正确答案:√

【试题解析】

《中华人民共和国道路交通安全法》第九十一条规定,"饮酒后或者醉酒驾驶机动车发生重大交通事故,构成犯罪的,依法追究刑事责任,并由公安机关交通管理部门吊销机动车驾驶证,终生不得重新取得机动车驾驶证。"

故此说法正确。

231. 依据《中华人民共和国道路交通安全法》,对6个月内发生2次以上特大交通事故负有主要责任或者全部责任的专业运输单位,由公安机关交通管理部门责令消除安全隐患;未消除安全隐患的机动车,禁止上道路行驶。

正确答案:√

【试题解析】

《中华人民共和国道路交通安全法》第一百〇二条规定,"对六个月内发生二次以上特大交通事故负有主要责任或者全部责任的专业运输单位,由公安机关交通管理部门责令消除安全隐患,未消除安全隐患的机动车,禁止上道路行驶。"

故此说法正确。

232.依据《中华人民共和国道路交通安全法》,国家实行机动车第三者责任自愿保险制度,设立道路交通事故社会救助基金。

正确答案:×

【试题解析】

《中华人民共和国道路交通安全法》第十七条规定,"国家实行机动车第三者责任强制保险制度,设立道路交通事故社会救助基金。"

故此说法错误。

233.依据《中华人民共和国道路交通安全法》,国家实行机动车第三者责任强制保险制度,设立道路交通事故社会救助基金。

正确答案:√

【试题解析】

《中华人民共和国道路交通安全法》第十七条规定,"国家实行机动车第三者责任强制保险制度,设立道路交通事故社会救助基金。"

故此说法正确。

234.依据《中华人民共和国道路交通安全法实施条例》,机动车超车时,应当提前开启右转向灯、变换使用远、近光灯或者鸣喇叭。

正确答案:×

【试题解析】

《中华人民共和国道路交通安全法实施条例》第五十七条规定,"机动车应当按照下列规定使用转向灯:

"(一)向左转弯、向左变更车道、准备超车、驶离停车地点或者掉头时,应当提前开启左转向灯;

"……"

故此说法错误。

235.依据《中华人民共和国道路交通安全法实施条例》,机动车在道路上发生故障或者发生交通事故,妨碍交通又难以移动的,应当按照规定开启危险报警闪光灯并在车后50米至100米处设置警告标志,夜间还应当同时开启示廓灯和后位灯。

正确答案:√

【试题解析】

《中华人民共和国道路交通安全法实施条例》第六十条规定,"机动车在道路上发生故障或者发生交通事故,妨碍交通又难以移动的,应当按照规定开启危险报警闪光灯并在车后50米至100米处设置警告标志,夜间还应当同时开启示廓灯和后位灯。"

故此说法正确。

236.依据《中华人民共和国道路交通安全法实施条例》,发生交通事故后当事人逃逸的,逃逸的当事人承担全部责任。但是,有证据证明对方当事人也有过错的,可以减轻责任。

正确答案:√

【试题解析】

《中华人民共和国道路交通安全法实施条例》第九十二条规定,"发生交通事故后当事人逃逸的,逃逸的当事人承担全部责任。但是,有证据证明对方当事人也有过错的,可以减轻责任。当事人故意破坏、伪造现场、毁灭证据的,承担全部责任。"

故此说法正确。

237. 依据《中华人民共和国道路交通安全法实施条例》,当事人故意破坏、伪造现场、毁灭证据的,承担全部责任。

正确答案:√

【试题解析】

《中华人民共和国道路交通安全法实施条例》第九十二条规定,"发生交通事故后当事人逃逸的,逃逸的当事人承担全部责任。但是,有证据证明对方当事人也有过错的,可以减轻责任。当事人故意破坏、伪造现场、毁灭证据的,承担全部责任。"

故此说法正确。

238. 依据《中华人民共和国道路交通安全法实施条例》,在道路同方向划有2条以上机动车道的,左侧为慢速车道,右侧为快速车道。

正确答案:×

【试题解析】

《中华人民共和国道路交通安全法实施条例》第四十四条规定,"在道路同方向划有2条以上机动车道的,左侧为快速车道,右侧为慢速车道。……"

故此说法错误。

239. 依据《机动车强制报废标准规定》,小、微型出租客运汽车需要转出登记所属地省、自治区、直辖市范围的,按照使用年限较严的规定报废。

正确答案:√

【试题解析】

《机动车强制报废标准规定》(商务部 国家发展和改革委员会 公安部 环境保护部令2012年第12号)第六条规定,"变更使用性质或者转移登记的机动车应当按照下列有关要求确定使用年限和报废:

"……

"(三)小、微型出租客运汽车和摩托车需要转出登记所属地省、自治区、直辖市范围的,按照使用年限较严的规定报废;

"……"

故此说法正确。

240. 根据《机动车运行安全技术条件》,同一轴上的轮胎规格和花纹应相同,轮胎规格应符合整车制造厂的规定。

正确答案:√

【试题解析】

《机动车运行安全技术条件》(GB 7258—2017)第 9.1 节"轮胎"中第 9.1.3 条规定,"同一轴上的轮胎规格和花纹应相同,轮胎规格应符合整车制造厂的规定。"

故此说法正确。

241. 根据《机动车运行安全技术条件》,汽车应装备驾驶人汽车安全带佩戴提醒装置。当驾驶人未按规定佩戴汽车安全带时,应能通过视觉和声觉信号报警。

正确答案:√

【试题解析】

《机动车运行安全技术条件》(GB 7258—2017)第 12.1 节"汽车安全带"中第 12.1.5 条规定,"汽车应装备驾驶人汽车安全带佩戴提醒装置。当驾驶人未按规定佩戴汽车安全带时,应能通过视觉和声觉信号报警。"

故此说法正确。

242. 根据《城市公共设施 电动汽车充换电设施运营管理服务规范》,充换电设施充换电工作区域不应存放易燃易爆物品、污染和腐蚀介质。

正确答案:√

【试题解析】

《城市公共设施 电动汽车充换电设施运营管理服务规范》(GB/T 37293—2019)第 5 节"环境要求"中第 5.3 条规定,"充换电设施充换电工作区域不应存放易燃易爆物品、污染和腐蚀介质。"

故此说法正确。

243. 根据《城市公共设施 电动汽车充换电设施运营管理服务规范》,有驻场人员的充换电站运营机构应定期进行消防培训和演练,全体人员应掌握消防知识,熟知消防器材的位置、性能和使用方法。

正确答案:√

【试题解析】

《城市公共设施 电动汽车充换电设施运营管理服务规范》(GB/T 37293—2019)第 7.6.2 节"消防安全"中第 7.6.2.4 条规定,"有驻场人员的充换电站运营机构应定期进行消防培训和演练,全体人员应掌握消防知识,熟知消防器材的位置、性能和使用方法。"

故此说法正确。

244. 依据《巡游出租汽车经营服务管理规定》,未取得巡游出租汽车经营许可,擅自从事巡游出租汽车经营活动的,由县级以上地方人民政府出租汽车行政主管部门责令改正,并处以 5000 元以上 2 万元以下罚款。

正确答案:√

【试题解析】

《巡游出租汽车经营服务管理规定》第四十五条规定,"违反本规定,未取得巡游出租汽车经营许可,擅自从事巡游出租汽车经营活动的,由县级以上地方人民政府出租汽车行政主管部门责令改正,并处以5000元以上2万元以下罚款。构成犯罪的,依法追究刑事责任。"

故此说法正确。

245.根据《出租汽车运营服务规范》,出租汽车企业每年应组织开展一次安全法规、规章制度、安全操作规程、职业道德的教育和培训,提高服务人员安全意识、业务技能和职业素养。

正确答案:×

【试题解析】

《出租汽车运营服务规范》(GB/T 22485—2021)第8.1节"经营者安全管理"中第8.1.3条规定,"每月至少应组织开展一次安全法规、规章制度、安全操作规程、职业道德的教育和培训,提高服务人员安全意识、业务技能和职业素养。"

故此说法错误。

246.根据《出租汽车运营服务规范》,出租汽车企业每月应组织开展一次安全法规、规章制度、安全操作规程、职业道德的教育和培训,提高服务人员安全意识、业务技能和职业素养。

正确答案:√

【试题解析】

《出租汽车运营服务规范》(GB/T 22485—2021)第8.1节"经营者安全管理"中第8.1.3条规定,"每月至少应组织开展一次安全法规、规章制度、安全操作规程、职业道德的教育和培训,提高服务人员安全意识、业务技能和职业素养。"

故此说法正确。

247.根据《网络预约出租汽车运营服务规范》,开展网络预约出租汽车运营的车辆应取得公安部门核发的机动车牌照和行驶证,应取得服务所在地出租汽车行业管理部门核发的营运证件。

正确答案:√

【试题解析】

《网络预约出租汽车运营服务规范》(JT/T 1068—2016)第4.2节"车辆管理"中第4.2.1条规定,"车辆应取得公安部门核发的机动车牌照和行驶证,应取得服务所在地出租汽车行业管理部门核发的营运证件。"

故此说法正确。

248.根据《出租汽车运营服务规范》,当出租汽车驾驶员发现乘客遗留可疑危险物品时,应立即上报企业。

正确答案:×

【试题解析】

《出租汽车运营服务规范》(GB/T 22485—2021)第7.4节"运营特殊情况处理"中第7.4.6条规定,"发现乘客遗留的可疑物品或危险物品时,应立即报警。"

故此说法错误。

249. 依据《中华人民共和国道路交通安全法》,已注册登记的机动车所有权发生转移的,应当及时办理转移登记。

正确答案:√

【试题解析】

《中华人民共和国道路交通安全法》第十二条规定,"有下列情形之一的,应当办理相应的登记:

"(一)机动车所有权发生转移的;

"……"

故此说法正确。

250. 依据《中华人民共和国道路交通安全法》,机动车所有人将机动车作为抵押物抵押的,机动车所有人应当向登记该机动车的公安机关交通管理部门申请抵押登记。

正确答案:√

【试题解析】

《中华人民共和国道路交通安全法实施条例》第八条规定,"机动车所有人将机动车作为抵押物抵押的,机动车所有人应当向登记该机动车的公安机关交通管理部门申请抵押登记。"

故此说法正确。

251. 依据《中华人民共和国道路交通安全法》,机动车所有人将机动车作为抵押物抵押的,机动车所有人应当向登记该机动车的交通运输管理部门申请抵押登记。

正确答案:×

【试题解析】

《中华人民共和国道路交通安全法实施条例》第八条规定,"机动车所有人将机动车作为抵押物抵押的,机动车所有人应当向登记该机动车的公安机关交通管理部门申请抵押登记。"

故此说法错误。

252. 依据《中华人民共和国道路交通安全法》,为确保机动车安全技术检验质量,公安机关交通管理部门可要求机动车到指定的场所进行检验。

正确答案:×

【试题解析】

《中华人民共和国道路交通安全法》第十三条规定,"机动车安全技术检验实行社会化的地方,任何单位不得要求机动车到指定的场所进行检验。"

故此说法错误。

253. 依据《中华人民共和国道路交通安全法》，机动车安全技术检验实行社会化的地方，任何单位不得要求机动车到指定的场所进行检验。

正确答案：√

【试题解析】

《中华人民共和国道路交通安全法》第十三条规定，"机动车安全技术检验实行社会化的地方，任何单位不得要求机动车到指定的场所进行检验。"

故此说法正确。

254. 依据《中华人民共和国道路交通安全法》，公安机关交通管理部门以外的任何单位或者个人，不得收缴、扣留机动车驾驶证。

正确答案：√

【试题解析】

《中华人民共和国道路交通安全法》第十九条规定，"公安机关交通管理部门以外的任何单位或者个人，不得收缴、扣留机动车驾驶证。"

故此说法正确。

255. 依据《中华人民共和国道路交通安全法》，对交通事故损害赔偿的争议，当事人可以请求公安机关交通管理部门调解，也可以直接向人民法院提起民事诉讼。

正确答案：√

【试题解析】

《中华人民共和国道路交通安全法》第七十四条规定，"对交通事故损害赔偿的争议，当事人可以请求公安机关交通管理部门调解，也可以直接向人民法院提起民事诉讼。……"

故此说法正确。

256. 依据《中华人民共和国道路交通安全法》，对交通事故损害赔偿的争议，当事人可以请求公安机关交通管理部门调解，也可以直接向人民法院提起刑事诉讼。

正确答案：×

【试题解析】

《中华人民共和国道路交通安全法》第七十四条规定，"对交通事故损害赔偿的争议，当事人可以请求公安机关交通管理部门调解，也可以直接向人民法院提起民事诉讼。……"

故此说法错误。

257. 依据《中华人民共和国道路交通安全法》，机动车之间发生交通事故的，由有过错的一方承担赔偿责任；双方都有过错的，按照各自过错的比例分担责任。

正确答案：√

【试题解析】

《中华人民共和国道路交通安全法》第七十六条规定，"……

"（一）机动车之间发生交通事故的，由有过错的一方承担赔偿责任；双方都有过错的，按照各自过错的比例分担责任。

"……"

故此说法正确。

258. 依据《中华人民共和国道路交通安全法》,机动车与非机动车驾驶人、行人之间发生交通事故,有证据证明非机动车驾驶人、行人有过错的,根据过错程度适当减轻机动车一方的赔偿责任;机动车一方没有过错的,承担不超过百分之十的赔偿责任。

正确答案:√

【试题解析】

《中华人民共和国道路交通安全法》第七十六条规定,"机动车发生交通事故造成人身伤亡、财产损失的,由保险公司在机动车第三者责任强制保险责任限额范围内予以赔偿;不足的部分,按照下列规定承担赔偿责任:

"……

"……有证据证明非机动车驾驶人、行人有过错的,根据过错程度适当减轻机动车一方的赔偿责任;机动车一方没有过错的,承担不超过百分之十的赔偿责任。"

故此说法正确。

259. 依据《中华人民共和国道路交通安全法实施条例》,机动车在夜间没有路灯、照明不良或者遇有雾、雨、雪、沙尘、冰雹等低能见度情况下行驶时,应当开启前照灯、示廓灯和后位灯,但同方向行驶的后车与前车近距离行驶时,不得使用远光灯。

正确答案:√

【试题解析】

《中华人民共和国道路交通安全法实施条例》第五十八条规定,"机动车在夜间没有路灯、照明不良或者遇有雾、雨、雪、沙尘、冰雹等低能见度情况下行驶时,应当开启前照灯、示廓灯和后位灯,但同方向行驶的后车与前车近距离行驶时,不得使用远光灯。机动车雾天行驶应当开启雾灯和危险报警闪光灯。"

故此说法正确。

260. 依据《中华人民共和国道路交通安全法实施条例》,机动车行经漫水路或者漫水桥时,应当停车察明水情,确认安全后,低速通过。

正确答案:√

【试题解析】

《中华人民共和国道路交通安全法实施条例》第六十四条规定,"机动车行经漫水路或者漫水桥时,应当停车察明水情,确认安全后,低速通过。"

故此说法正确。

261. 依据《中华人民共和国道路交通安全法实施条例》,机动车从匝道驶入高速公路,应当开启左转向灯,在不妨碍已在高速公路内的机动车正常行驶的情况下驶入车道。

正确答案:√

【试题解析】

《中华人民共和国道路交通安全法实施条例》第七十九条规定,"机动车从匝道驶入高速公路,应当开启左转向灯,在不妨碍已在高速公路内的机动车正常行驶的情况下驶入车道。机动车驶离高速公路时,应当开启右转向灯,驶入减速车道,降低车速后驶离。"

故此说法正确。

262. 依据《中华人民共和国道路交通安全法实施条例》,机动车在高速公路上行驶,不得倒车、逆行、穿越中央分隔带掉头或者在车道内停车。

正确答案:√

【试题解析】

《中华人民共和国道路交通安全法实施条例》第八十二条规定,"机动车在高速公路上行驶,不得有下列行为:

"(一)倒车、逆行、穿越中央分隔带掉头或者在车道内停车;

"……"

故此说法正确。

263. 依据《中华人民共和国道路交通安全法实施条例》,机动车在高速公路上行驶,可以在匝道、加速车道或者减速车道上超车。

正确答案:×

【试题解析】

《中华人民共和国道路交通安全法实施条例》第八十二条规定,"机动车在高速公路上行驶,不得有下列行为:

"……

"(二)在匝道、加速车道或者减速车道上超车;

"……"

故此说法错误。

264. 依据《中华人民共和国道路交通安全法实施条例》,机动车在高速公路上行驶,不得试车或者学习驾驶机动车。

正确答案:√

【试题解析】

《中华人民共和国道路交通安全法实施条例》第八十二条规定,"机动车在高速公路上行驶,不得有下列行为:

"……

"(五)试车或者学习驾驶机动车。"

故此说法正确。

265. 依据《中华人民共和国道路交通安全法实施条例》,机动车与机动车、机动车与非机动车在道路上发生未造成人身伤亡的交通事故,当事人对事实及成因无争议的,在记录交通事故的时间、地点、对方当事人的姓名和联系方式、机动车牌号、驾驶证号、保险凭证号、碰撞部位,并共同签名后,撤离现场,自行协商损害赔偿事宜。

正确答案:√

【试题解析】

《中华人民共和国道路交通安全法实施条例》第八十六条规定,"机动车与机动车、机动车与非机动车在道路上发生未造成人身伤亡的交通事故,当事人对事实及成因无争议的,在记录交通事故的时间、地点、对方当事人的姓名和联系方式、机动车牌号、驾驶证号、保险凭证号、碰撞部位,并共同签名后,撤离现场,自行协商损害赔偿事宜。当事人对交通事故事实及成因有争议的,应当迅速报警。"

故此说法正确。

266. 根据《城市公共设施 电动汽车充换电设施运营管理服务规范》(GB/T 37293—2019),应制定相应设施操作规范和作业指导书,并建立完整准确的管理台账。

正确答案:√

【试题解析】

《城市公共设施 电动汽车充换电设施运营管理服务规范》(GB/T 37293—2019)第7.2节"设施管理"中第7.2.2条规定,"应制定相应设施操作规范和作业指导书,并建立完整准确的管理台账。"

故此说法正确。

267. 根据《城市公共设施 电动汽车充换电设施运营管理服务规范》(GB/T 37293—2019),应定期进行巡查、检测与维护,及时发现并处理设备运营过程中的异常情况,形成记录,确保设备处于安全运行状态。

正确答案:√

【试题解析】

《城市公共设施 电动汽车充换电设施运营管理服务规范》(GB/T 37293—2019)第7.2节"设施管理"中第7.2.3条规定,"应定期进行巡查、检测与维护,及时发现并处理设备运营过程中的异常情况,形成记录,确保设备处于安全运行状态。"

故此说法正确。

268. 根据《城市公共设施 电动汽车充换电设施运营管理服务规范》(GB/T 37293—2019),电池更换站应在规定的区域内进行动力电池的更换、维护、保养、存放等作业。

正确答案:√

【试题解析】

《城市公共设施 电动汽车充换电设施运营管理服务规范》(GB/T 37293—2019)第7.2节"设施管理"中第7.2.4条规定,"电池更换站应在规定的区域内进行动力电池的更换、维护、保养、存放等作业。"

故此说法正确。

269. 根据《城市公共设施　电动汽车充换电设施运营管理服务规范》(GB/T 37293—2019),发生运营安全事故后,应按规定立即启动相应的应急预案,采取应急措施,防止事态扩大,在确保安全的前提下尽快恢复正常运营,并按规定及时报告。

正确答案:√

【试题解析】

《城市公共设施　电动汽车充换电设施运营管理服务规范》(GB/T 37293—2019)第7.6.3节第7.6.3.3条规定,"发生运营安全事故后,应按规定立即启动相应的应急预案,采取应急措施,防止事态扩大,在确保安全的前提下尽快恢复正常运营,并按规定及时报告。"

故此说法正确。

270. 根据《道路运输驾驶员技能和素质要求　第3部分:出租汽车驾驶员》,出租汽车驾驶员应无妨碍安全驾驶的疾病及生理缺陷。

正确答案:√

【试题解析】

《道路运输驾驶员技能和素质要求　第3部分:出租汽车驾驶员》(JT/T 917.3—2014)第4章"出租汽车驾驶员基本素质要求"第4.1节规定,"驾驶员的身高、视力、听力、辨色力等身体条件应符合GB 18463的要求,无妨碍安全驾驶的疾病及生理缺陷。"

故此说法正确。

271. 根据《出租汽车运营服务规范》,出租汽车驾驶员应尊重乘客的宗教信仰和风俗习惯。

正确答案:√

【试题解析】

《出租汽车运营服务规范》(GB/T 22485—2021)第6.1节"业务素质"中第6.1.5条规定,"尊重乘客的宗教信仰和风俗习惯。"

故此说法正确。

272. 根据《出租汽车运营服务规范》,出租汽车驾驶员应热情、耐心回答乘客问题。乘客间交谈时,不应随便插话。

正确答案:√

【试题解析】

《出租汽车运营服务规范》(GB/T 22485—2021)第6.2节"仪容仪表和言行举止"中第6.2.5条规定,"驾驶员应热情、耐心回答乘客问题。乘客间交谈时,不应随便插话。"

故此说法正确。

273. 根据《出租汽车运营服务规范》,出租汽车驾驶员发现乘客遗失财物,应设法及时归还失主。无法找到失主的,应及时联系经营者,上交经营者或有关部门处理,不应私自留存。

正确答案:√

【试题解析】

《出租汽车运营服务规范》（GB/T 22485—2021）第7.4节"运营特殊情况处理"中第7.4.5条规定，"发现乘客遗失财物，应设法及时归还失主。无法找到失主的，应及时联系经营者，上交经营者或有关部门处理，不应私自留存。"

故此说法正确。

274. 根据《出租汽车运营服务规范》，出租汽车驾驶员发现乘客遗留的可疑物品或危险物品时，应立即报警。

正确答案：√

【试题解析】

《出租汽车运营服务规范》（GB/T 22485—2021）第7.4节"运营特殊情况处理"中第7.4.6条规定，"发现乘客遗留的可疑物品或危险物品时，应立即报警。"

故此说法正确。

275. 根据《出租汽车运营服务规范》，出租汽车协会应每月组织开展一次安全法规、规章制度、安全操作规程、职业道德的教育和培训，提高服务人员安全意识、业务技能和职业素养。

正确答案：×

【试题解析】

《出租汽车运营服务规范》（GB/T 22485—2021）第8.1节"经营者安全管理"中第8.1.3条规定，"出租汽车经营者每月至少应组织开展一次安全法规、规章制度、安全操作规程、职业道德的教育和培训，提高服务人员安全意识、业务技能和职业素养。"

故此说法错误。

276. 根据《出租汽车运营服务规范》，出租汽车驾驶员应定期检查车辆消防器材，对过期消防器材应及时报废、更新。

正确答案：×

【试题解析】

《出租汽车运营服务规范》（GB/T 22485—2021）第8.1节"经营者安全管理"中第8.1.5条规定，"出租汽车经营者应定期检查车辆消防器材，对过期消防器材应及时报废、更新。"

故此说法错误。

277. 根据《出租汽车运营服务规范》，出租汽车经营者应定期检查车辆消防器材，对过期消防器材应及时报废、更新。

正确答案：√

【试题解析】

《出租汽车运营服务规范》（GB/T 22485—2021）第8.1节"经营者安全管理"中第8.1.5条规定，"出租汽车经营者应定期检查车辆消防器材，对过期消防器材应及时报废、更新。"

故此说法正确。

278. 依据《出租汽车驾驶员从业资格管理规定》,我国对从事出租汽车客运服务的驾驶员实行从业资格制度,出租汽车驾驶员从业资格包括巡游出租汽车驾驶员从业资格和网络预约出租汽车驾驶员从业资格等。

正确答案:√

【试题解析】

《出租汽车驾驶员从业资格管理规定》第三条规定,"国家对从事出租汽车客运服务的驾驶员实行从业资格制度。出租汽车驾驶员从业资格包括巡游出租汽车驾驶员从业资格和网络预约出租汽车驾驶员从业资格等。"

故此说法正确。

279. 依据《出租汽车驾驶员从业资格管理规定》,出租汽车驾驶员继续教育由城市人民政府组织实施。

正确答案:×

【试题解析】

《出租汽车驾驶员从业资格管理规定》第二十六条规定,"出租汽车驾驶员继续教育由出租汽车经营者组织实施。"

故此说法错误。

280. 依据《网络预约出租汽车经营服务管理暂行办法》,网约车行驶里程达到60万千米时强制报废。行驶里程未达到60万千米但使用年限达到8年时,退出网约车经营。

正确答案:√

【试题解析】

《网络预约出租汽车经营服务管理暂行办法》第三十九条规定,"网约车行驶里程达到60万千米时强制报废。行驶里程未达到60万千米但使用年限达到8年时,退出网约车经营。……"

故此说法正确。

281. 依据《网络预约出租汽车经营服务管理暂行办法》,小、微型非营运载客汽车登记为预约出租客运的,按照网约车报废标准报废。其他小、微型营运载客汽车登记为预约出租客运的,按照该类型营运载客汽车报废标准和网约车报废标准中先行达到的标准报废。

正确答案:√

【试题解析】

《网络预约出租汽车经营服务管理暂行办法》第三十九条规定,"……小、微型非营运载客汽车登记为预约出租客运的,按照网约车报废标准报废。其他小、微型营运载客汽车登记为预约出租客运的,按照该类型营运载客汽车报废标准和网约车报废标准中先行达到的标准报废。"

故此说法正确。

282. 依据《出租汽车驾驶员从业资格管理规定》,出租汽车企业进行驾驶员招聘时,可聘用未取得从业资格证的人员,驾驶出租汽车从事经营活动。

正确答案:×

【试题解析】

《出租汽车驾驶员从业资格管理规定》第四十三条规定,"违反本规定,聘用未取得从业资格证的人员,驾驶出租汽车从事经营活动的,由县级以上出租汽车行政主管部门责令改正,并处3000元以上1万元以下的罚款;情节严重的,处1万元以上3万元以下的罚款。"

故此说法错误。

283.依据《出租汽车驾驶员从业资格管理规定》,出租汽车驾驶员在注册期内应当按规定完成继续教育。取得从业资格证超过3年未申请注册的,注册后上岗前应当完成不少于27学时的继续教育。

正确答案:√

【试题解析】

《出租汽车驾驶员从业资格管理规定》第二十四条规定,"出租汽车驾驶员在注册期内应当按规定完成继续教育。取得从业资格证超过3年未申请注册的,注册后上岗前应当完成不少于27学时的继续教育。"

故此说法正确。

284.依据《出租汽车驾驶员从业资格管理规定》,违反规定聘用未取得从业资格证的人员驾驶出租汽车从事经营活动的,由县级以上出租汽车行政主管部门责令改正,并处5000元以上1万元以下的罚款;情节严重的,处1万元以上3万元以下的罚款。

正确答案:√

【试题解析】

《出租汽车驾驶员从业资格管理规定》第四十三条规定,"违反本规定,聘用未取得从业资格证的人员,驾驶出租汽车从事经营活动的,由县级以上出租汽车行政主管部门责令改正,并处3000元以上1万元以下的罚款;情节严重的,处1万元以上3万元以下的罚款。"

故此说法正确。

285.出租汽车驾驶员在出发前,应检查轮胎,包括轮胎气压是否正常,有无液体渗漏现象。

正确答案:√

【试题解析】

出车前,驾驶员要养成绕车检查的习惯。绕车检查过程中,驾驶员要检查车辆外观、车辆周围及车底是否有妨碍驾驶的安全隐患,待确认安全后方可上车。绕车检查的内容包括:①车辆外观,包括车灯有无破损,车辆牌号是否清晰等;②轮胎,包括轮胎气压是否正常,有无液体渗漏现象;③车辆周边环境,包括车辆周围及车底是否有影响车辆正常通行的障碍物。

故此说法正确。

286.出租汽车出车前绕车检查时,应检查车辆卫星定位装置是否完好可用。

正确答案：×

【试题解析】

检查车辆卫星定位装置属于车辆安全装置检查内容，不属于出车前绕车检查内容。

故此说法错误。

287. 依据《巡游出租汽车经营服务管理规定》，投入运营的巡游出租汽车车辆应当安装符合规定的计程计价设备、具有行驶记录功能的车辆卫星定位装置、应急报警装置，按照要求喷涂车身颜色和标识，设置有中英文"出租汽车"字样的顶灯和能显示空车、暂停运营、电召等运营状态的标志，按照规定在车辆醒目位置标明运价标准、乘客须知、经营者名称和服务监督电话。

正确答案：√

【试题解析】

《巡游出租汽车经营服务管理规定》第十五条规定，"投入运营的巡游出租汽车车辆应当安装符合规定的计程计价设备、具有行驶记录功能的车辆卫星定位装置、应急报警装置，按照要求喷涂车身颜色和标识，设置有中英文'出租汽车'字样的顶灯和能显示空车、暂停运营、电召等运营状态的标志，按照规定在车辆醒目位置标明运价标准、乘客须知、经营者名称和服务监督电话。"

故此说法正确。

288. 遇雨、雾、风沙天气时，应注意路面情况与行人、车辆动态，打开灯光，加速通过。

正确答案：×

【试题解析】

遇雨、雾、风沙天气时，应注意路面情况与行人、车辆动态，打开灯光，低速通过。

故此说法错误。

289. 穿越铁路时，应连续通过，不应在火车通过区内停车。通过无人值守的铁路道口时，应在道口前停车瞭望，确认安全后方可通过。如发生车辆故障，应请乘客迅速下车至安全区域，并采取相应措施。

正确答案：√

【试题解析】

通过无人看守的铁路道口时，必须遵循"一停二慢三通过"的原则，确认安全。如果路口两边有物体挡住视线，看不清两边有无火车驶近时，则应下车察看，不得贸然通过，更不准与火车抢行。

故此说法正确。

290. 依据《网络预约出租汽车经营服务管理暂行办法》，网约车平台公司应当依法纳税，网约车驾驶员应为乘客购买承运人责任险等相关保险，充分保障乘客权益。

正确答案：×

【试题解析】

《网络预约出租汽车经营服务管理暂行办法》第二十三条规定，"网约车平台公司应当依法纳税,为乘客购买承运人责任险等相关保险,充分保障乘客权益。"

故此说法错误。

291. 依据《巡游出租汽车经营服务管理规定》,出租汽车应随车携带道路运输证、从业资格证,并按规定摆放、粘贴有关证件和标志。

正确答案:√

【试题解析】

《巡游出租汽车经营服务管理规定》二十三条规定,"巡游出租汽车驾驶员应当按照国家出租汽车服务标准提供服务,并遵守下列规定:

"……

"(七)随车携带道路运输证、从业资格证,并按规定摆放、粘贴有关证件和标志;

"……"

故此说法正确。

292. 根据《出租汽车运营服务规范》,当出租汽车驾驶员发现乘客遗留可疑危险物品的,应先自行判断是否危险、再上报公司。

正确答案:×

【试题解析】

《出租汽车运营服务规范》(GB/T 22485—2021)第7.4节"运营特殊情况处理"中第7.4.6条规定,"发现乘客遗留可疑危险物品时,应立即报警。"

故此说法错误。

293. 依据《巡游出租汽车经营服务管理规定》,乘客要求去偏远、冷僻地区或者夜间要求驶出城区的,驾驶员可疑要求乘客随同到就近的有关部门办理验证登记手续;乘客不予配合的,驾驶员有权拒绝提供服务。

正确答案:√

【试题解析】

《巡游出租汽车经营服务管理规定》第二十六条规定,"乘客要求去偏远、冷僻地区或者夜间要求驶出城区的,驾驶员可以要求乘客随同到就近的有关部门办理验证登记手续;乘客不予配合的,驾驶员有权拒绝提供服务。"

故此说法错误。

294. 依据《出租汽车驾驶员从业资格管理规定》,有犯罪记录的驾驶员一律不能申请参加出租汽车驾驶员从业资格考试。

正确答案:×

【试题解析】

《出租汽车驾驶员从业资格管理规定》第十条规定,"申请参加出租汽车驾驶员从业资格考试的,应当符合下列条件:

"……

"(二)无交通肇事犯罪、危险驾驶犯罪记录,无吸毒记录,无饮酒后驾驶记录,最近连续3个记分周期内没有记满12分记录;

"(三)无暴力犯罪记录;

"……"

故此说法错误。

295. 出租汽车车辆应配备灭火器、安全锤、故障警示牌等安全设施设备。

正确答案:√

【试题解析】

出租汽车车辆安全设施设备包括灭火器、安全锤、故障警示牌等。

故此说法正确。

296. 在实际驾驶过程中,当出租汽车驾驶员遇到暴雨天气时,降低车速,尽量避免通过积水路段。

正确答案:√

【试题解析】

雨天直接影响行车安全的因素是视线受阻和路面湿滑。车轮与路面间的附着力降低,车辆制动或转向时,很容易发生侧滑。因此,需要:①及早打开刮水器,根据雨量的大小调节刮水器的挡位,尽量保持视线清晰;②控制车速,不要紧急制动或急转方向,要充分利用发动机制动减速;③遇到行人、骑车人时,提前减速、鸣喇叭,与其保持安全距离,避免行人、骑车人突然窜到行车道上、转向或滑倒发生交通事故;④暴雨天,刮水器难以刮净雨水以致视线受阻时,应立即选择安全地点停车,同时开启危险报警闪光灯,不得强行驾驶。

故此说法正确。

297. 根据《出租汽车驾驶员从业资格管理规定》,出租汽车驾驶员应在允许停车路段或服务站点停车载客。

正确答案:√

【试题解析】

《出租汽车运营服务规范》(GB/T 22485—2021)第7.2节"运营过程"中第7.2.1条规定,"应在允许停车路段、地点或服务站点停车载客、候客或等候订单,不应有拒载行为。"

故此说法正确。

298. 出租汽车驾驶员在乘客上车前可以询问乘客目的地。

正确答案:×

【试题解析】

《巡游出租汽车运营服务规范》(JT/T 1069—2016)第8章"运营服务"中第8.6条规定,"乘客上车前不得询问目的地。"

故此说法错误。

299. 出租汽车驾驶员根据乘客要求停车等候时,未到约定时间不得擅自离开。

正确答案:√

【试题解析】

《出租汽车运营服务规范》(GB/T 22485—2021)第 7.2 节"运营过程"中第 7.2.10 条规定,"应乘客要求停车等候时,未到约定时间不得擅自离开。"

故此说法正确。

300. 依据《巡游出租汽车经营服务管理规定》,乘客目的地超出省、市、县境或夜间去偏僻地区而不按规定办理登记或相关手续,出租汽车驾驶员可拒绝提供出租汽车运营服务。

正确答案:√

【试题解析】

《巡游出租汽车经营服务管理规定》第二十六条规定,"乘客要求去偏远、冷僻地区或者夜间要求驶出城区的,驾驶员可以要求乘客随同到就近的有关部门办理验证登记手续;乘客不予配合的,驾驶员有权拒绝提供服务。"

故此说法正确。

301. 根据《出租汽车运营服务规范》,乘客携带易燃、易爆、有毒有害、放射性等违禁物品乘车,出租汽车驾驶员可拒绝提供出租汽车运营服务。

正确答案:√

【试题解析】

《出租汽车运营服务规范》(GB/T 22485—2021)第 7.2 节"运营过程"中第 7.2.12 条规定,"遇下列情形,可拒绝提供出租汽车运营服务:

"a)乘客携带易燃、易爆、有毒有害、放射性、传染性等违禁物品乘车;

"b)醉酒者、精神病患者等在无人陪同或监护下乘车;

"c)携带影响车内卫生条件的物品和动植物;

"d)携带行李超过行李厢容积。"

故此说法正确。

302. 根据《出租汽车运营服务规范》,乘客在禁止停车的路段扬手招车,出租汽车驾驶员应提供出租汽车运营服务。

正确答案:×

【试题解析】

《出租汽车运营服务规范》(GB/T 22485—2021)第 7.2 节"运营过程"中第 7.2.1 条规定,"应在允许停车路段、地点或服务站点停车载客、候客或等候订单,不应有拒载行为。"

故此说法错误。

303. 根据《出租汽车运营服务规范》,出租汽车驾驶员停车时应尽量靠近道路左侧边缘,引导乘客从左侧车门上下车。

正确答案:×

【试题解析】

《出租汽车运营服务规范》(GB/T 22485—2021)第7.3节"运营结束"中第7.3.2条规定,"车辆应与道路平行靠边停靠,并引导乘客由右侧下车。雨天停车时,车门应避开积水区域。"

故此说法错误。

304.出租汽车驾驶员遇到乘客扬手召唤时,应先观察路况再靠边停车,不得强行停靠或强行并线,避免与同方向行驶的后方车辆或非机动车发生碰撞。

正确答案:√

【试题解析】

驾驶员在接送乘客时,车辆起步和停车特别频繁,很多交通事故因驾驶员在起步和停车时观察不仔细而发生,因此,驾驶员在停车和起步时要多观察。遇有乘客扬手召唤时,先观察路况再靠边停车,不得强行停靠或强行并线,避免与同方向车辆和非机动车发生碰撞。

故此说法正确。

305.出租汽车驶出隧道时,车辆可能会受到横风的影响而偏移,此时驾驶员应握紧转向盘,通过微调转向盘控制车辆的行驶方向。

正确答案:√

【试题解析】

隧道环境较为密闭,内部光线较暗,行车环境相对较差,驾驶员应小心谨慎,减速慢行。驶出隧道时,车辆可能会受到横风的影响而偏移,此时应握紧转向盘,通过微调转向盘控制车辆的行驶方向。

故此说法正确。

306.出租汽车驾驶员在浓雾中行驶,应多鸣喇叭引起行人、非机动车和车辆的注意。

正确答案:√

【试题解析】

雾天由于能见度低,驾驶员的视线缩短、视野变窄、视线模糊,极易发生交通事故。在浓雾中行驶,应多鸣喇叭引起行人、非机动车和车辆的注意,听到对向车辆鸣喇叭时要及时回应。

故此说法正确。

307.出租汽车驾驶员冰雪路面跟车行驶时,应与前车保持足够的纵向安全距离,注意观察前车动态,前车制动减速时,应采用间歇制动和发动机制动的方法减速,切忌紧急制动。

正确答案:√

【试题解析】

冰雪路面,道路溜滑,车辆制动距离增加,制动和转向时车辆容易侧滑,由于积雪对日光反射强烈,极易造成驾驶员眩目。跟车行驶时,与前车保持足够的纵向安全距离。注意观察前车的动态,前车制定减速时,应采用间歇制动和发动机制动的方法减速,切忌紧急制动。

故此说法正确。

308. 出租汽车驾驶员驾驶车辆遇到老年人时，应适当降低车速，可以提前鸣喇叭，切不可盲目从其身后绕行。

正确答案：√

【试题解析】

出租汽车驾驶员要文明礼让行人和非机动车。保护老年人的安全。驾驶车辆遇到老年人时，应适当降低车速，可以提前鸣喇叭，切不可盲目从其身后绕行。

故此说法正确。

309. 出租汽车驾驶员驾驶车辆接近没有人行横道的交叉路口或附近时，发现有行人、非机动车横穿道路，应该鸣喇叭并加速通过。

正确答案：×

【试题解析】

出租汽车驾驶员要在特殊路段保护行人和非机动车安全。接近人行横道时，应注意观察人行横道及其周围行人、非机动车的动态，有行人、非机动车横穿或即将横穿道路时，必须在人行道前停下。

故此说法错误。

310. 出租汽车驾驶员驾驶车辆经过公共汽车站时，上下车的乘客经常会突然横穿道路，应该让过往的乘客先行，必要时停车等待。

正确答案：√

【试题解析】

出租汽车驾驶员要在特殊路段保护行人和非机动车安全。经过公共汽车站时，上下车的乘客经常会突然横穿道路，应该让过往的乘客先行，必要时停车等待。

故此说法正确。

311. 若出租汽车驾驶员在行驶过程中发现车辆起火，应将车辆停在远离加油站、建筑物、高压电线等易燃物品的空旷地带，设法救火，确保火势不再蔓延。

正确答案：√

【试题解析】

出租汽车驾驶员在行驶过程中发现车辆起火，应将车辆停在远离加油站、建筑物、高压电线等易燃物品的空旷地带，设法救火，确保火势不再蔓延，以防引起更大的损失。

故此说法正确。

312. 若出租汽车驾驶员在行驶过程中发现车辆起火，应及时报警，视火情采取合适的灭火措施，若不知怎么灭火，尤其是易燃易爆物品着火，应立即远离现场，等待消防人员来灭火。

正确答案：√

【试题解析】

出租汽车驾驶员在行驶过程中发现车辆起火，应及时报警，视火情采取合适的灭火措施,若不知怎么灭火,尤其是易燃易爆物品着火,应立即远离现场,等待消防人员来灭火,防止不必要的伤亡。

故此说法正确。

313.出租汽车随车携带的灭火器无保质期,不需定期更换。

正确答案:×

【试题解析】

车载灭火器多为干粉灭火器,是以液态二氧化碳或氮气为动力,使干粉灭火剂喷出进行灭火,有保质期,过期的灭火器很可能无法喷出干粉,或者喷射的时间大大缩短,直接影响到正常使用。

故此说法错误。

314.发动机着火时,驾驶员要将发动机关闭,尽量不打开发动机舱盖,从车身通气孔、散热器及车底侧进行灭火。

正确答案:√

【试题解析】

当发动机着火时,应迅速关闭发送机,且不可打开发动机舱盖进行灭火,若打开会进入更多氧气,导致火势变大,甚至发生爆炸。

故此说法正确。

315.水可以用于熄灭布匹和轮胎引起的火焰,也可用来熄灭电器、汽油引起的火焰。

正确答案:×

【试题解析】

水可以用于熄灭布匹和轮胎引起的火焰,但不能用来熄灭电器、汽油引起的火焰。

故此说法错误。

316.暴雨天气行车,通过积水处时,特别是较深积水路段时,如立交桥下、深槽隧道等,驾驶员要注意观察水的深度,应该用低挡行车,低速通过。

正确答案:√

【试题解析】

暴雨天气行车,通过积水处时,特别是较深积水路段时,如立交桥下、深槽隧道等,要注意观察水的深度,应该用低挡行车,慢速通过。

故此说法正确。

317.发动机着火时,要继续保持发动机工作,打开发动机舱盖进行灭火。

正确答案:×

【试题解析】

当发动机着火时,应迅速关闭发送机,且不可打开发动机舱盖进行灭火,若打开会进入更多氧气,导致火势变大,甚至发生爆炸。

故此说法错误。

318. 大雾天气里,能见度较差,驾驶员应开启雾灯、示廓灯,必要时开启近光灯,严格控制车速,保持车距。

正确答案:√

【试题解析】

大雾天气里,能见度较差,驾驶员的视线缩短、视野变窄、视线模糊,极易发生交通事故,应开启雾灯、示廓灯,必要时开启近光灯,严格控制车速,保持车距。

故此说法正确。

319. 暴雨天气,能见度低,视线不佳,驾驶员可打开近光灯和示廓灯,将刮水器调到最快。当靠刮水器难以改善视线时,应降低车速,并开启示廓灯继续行驶。

正确答案:×

【试题解析】

暴雨天气,能见度低,视线不佳,可打开近光灯和示廓灯,将刮水器调到最快。当靠刮水器难以改善视线时,应选择安全地点停车。

故此说法错误。

320. 车辆发生火灾时,如果火势较大,蔓延迅速,短时间无法控制,驾驶员应先迅速组织人员撤离,并告知往来及周围人员远离着火车辆,驾驶员可使用灭火器继续控制火势。

正确答案:×

【试题解析】

车辆发生火灾时,如果火势较大,蔓延迅速,短时间无法控制,应先迅速组织人员撤离,并告知往来及周围人员远离着火车辆,驾驶员也应远离现场,等待消防人员灭火。

故此说法错误。

321. 车辆爆胎时如果是后轮爆胎,驾驶员应该立即握稳转向盘,反复轻踩踏板,采用收油减挡的方式将车辆缓慢停驶。

正确答案:√

【试题解析】

车辆爆胎时如果是后轮爆胎,应该立即握稳转向盘,反复轻踩踏板,禁止紧急制动,采用收油减挡的方式将车辆缓慢停驶。

故此说法正确。

322. 暴雨天气行车,通过积水处时,特别是较大积水路段时,如立交桥下、深槽隧道等,要注意观察水的深度,应该用高挡行车,快速通过。

正确答案:×

【试题解析】

暴雨天气行车,通过积水处时,特别是较大积水路段时,如立交桥下、深槽隧道等,要注意观察水的深度,应该用低挡行车,慢速通过。

故此说法错误。

323. 雨季在山区行驶时,应提高警惕,发现前方公路边坡是否有异动迹象,如有滚石、溜土、树木歪斜或倾倒等,应立即减速或停车检查,确认安全后加速通过,避免山体滑坡砸伤车辆。

正确答案:√

【试题解析】

山区行驶时最容易出现落石,尤其是雨季,在行车过程中要提高警惕,在允许范围内尽量远离山体一侧,注意观察山体有无落石的可能和地面是否有石块,保证安全的前提下,及时通过,不要停留太久时间。

故此说法正确。

324. 城市客运车辆在行驶过程中发生起火,逃离火灾前,驾驶员应关闭发动机点火开关、电源总开关,设法与乘客迅速逃离驾驶室。

正确答案:√

【试题解析】

车辆起火时,要尽快逃离火灾,逃离火灾前,关闭发动机点火开关,设法与乘客迅速撤离驾驶室,逃离时若无法打开驾驶室门,应用车上的坚硬物体敲碎风窗玻璃。

故此说法正确。

325. 城市客运车辆在行驶过程中发生起火,当火焰逼近无法躲避时,驾驶员应用衣服扑火并高声呼喊求救。

正确答案:×

【试题解析】

出租汽车车辆在行驶过程中发生起火,当火焰逼近无法躲避时,应及早脱去化纤类衣服,注意保护裸露的皮肤,不要张嘴呼吸或高声呼喊,以免烟火灼伤上呼吸道。

故此说法错误。

326. 依据《出租汽车驾驶员从业资格管理规定》,出租汽车驾驶员继续教育由出租汽车协会组织实施。

正确答案:×

【试题解析】

《出租汽车驾驶员从业资格管理规定》第二十六条规定,"出租汽车驾驶员继续教育由出租汽车经营者组织实施。"

故此说法错误。

327. 依据《出租汽车驾驶员从业资格管理规定》,出租汽车驾驶员继续教育由出租汽车行业管理部门组织实施。

正确答案:×

【试题解析】

《出租汽车驾驶员从业资格管理规定》第二十六条规定,"出租汽车驾驶员继续教育由出租汽车经营者组织实施。"

故此说法错误。

328. 依据《出租汽车驾驶员从业资格管理规定》，出租汽车驾驶员继续教育由出租汽车经营者组织实施。

正确答案：√

【试题解析】

《出租汽车驾驶员从业资格管理规定》第二十六条规定，"出租汽车驾驶员继续教育由出租汽车经营者组织实施。"

故此说法正确。

329. 依据《机动车强制报废标准规定》，出租汽车企业应当执行国家机动车强制报废管理规定，小、微型出租客运汽车使用年限为8年。

正确答案：√

【试题解析】

《机动车强制报废标准规定》第五条规定，"各类机动车使用年限分别如下：（一）小、微型出租客运汽车使用8年，中型出租客运汽车使用10年，大型出租客运汽车使用12年。……"

故此说法正确。

330. 依据《机动车强制报废标准规定》，出租汽车企业应当执行国家机动车强制报废管理规定，小、微型出租客运汽车使用年限为6年。

正确答案：×

【试题解析】

《机动车强制报废标准规定》第五条规定，"各类机动车使用年限分别如下：（一）小、微型出租客运汽车使用8年，中型出租客运汽车使用10年，大型出租客运汽车使用12年。"

故此说法错误。

331. 出租汽车驾驶员绕车检查过程中，要检查车辆外观、车辆周围及车底是否有妨碍驾驶的安全隐患，待确认安全后，方可上车。

正确答案：√

【试题解析】

出车前，驾驶员要养成绕车检查的习惯。绕车检查过程中，驾驶员要检查车辆外观、车辆周围及车底是否有妨碍驾驶的安全隐患，待确认安全后方可上车。绕车检查的内容包括：车辆周边环境，即车辆周围及车底是否有影响车辆正常通行的障碍物。

故此说法正确。

332. 依据《出租汽车驾驶员从业资格管理规定》，出租汽车行政主管部门应当建立出租汽车驾驶员从业资格管理档案。

正确答案：√

【试题解析】

《出租汽车驾驶员从业资格管理规定》第三十七条规定，"出租汽车行政主管部门应当建立出租汽车驾驶员从业资格管理档案。"

故此说法正确。

333.依据《出租汽车驾驶员从业资格管理规定》,出租汽车行业协会应当建立出租汽车驾驶员从业资格管理档案。

正确答案:×

【试题解析】

《出租汽车驾驶员从业资格管理规定》第三十七条规定,"出租汽车行政主管部门应当建立出租汽车驾驶员从业资格管理档案。"

故此说法错误。

334.依据《出租汽车驾驶员从业资格管理规定》,出租汽车经营者应当建立出租汽车驾驶员从业资格管理档案。

正确答案:×

【试题解析】

《出租汽车驾驶员从业资格管理规定》第三十七条规定,"出租汽车行政主管部门应当建立出租汽车驾驶员从业资格管理档案。"

故此说法错误。

四、案例题

335.某县出租汽车下午2时空车巡游行驶时,在人行道处将一老人撞倒,事故发生后驾驶员迅速通知了企业负责人,并将老人送到附近的医院治疗;企业负责人接到报告后赶回出租汽车公司,进一步电话与驾驶员确认事故情况,并与主管安全生产管理的副总经理商量后,依次报告了本县交通运输管理部门、公安交通管理部门和安全生产监管部门(应急管理部门),在报告安全生产监管部门(应急管理部门)时,已经是接到报告1小时15分钟后;事故过程中受伤的老人当晚11时经抢救无效不幸死亡。对于死亡老人,出租汽车企业与家属进行了"私下"协商,给予了远超出国家规定的经济赔偿,家属较为满意,企业就未向公安交通管理部门报告。该企业也存在多项安全生产管理制度未落实的情况。

依据案例,下列说法正确的有(   )。

    A.该事故属于一般事故

    B.事故发生后,驾驶员应首先向公安交通管理部门报告,再向企业负责人报告

    C.事故发生后,驾驶员应首先向企业负责人报告

    D.企业负责人接到事故报告后1小时内应向本县安全生产监管部门(应急管理部门)、公安交通管理和交通运输管理部门报告

    E.该企业对死者的处理和瞒报,存在严重违法行为

正确答案:ABDE

【试题解析】

《生产安全事故报告和调查处理条例》第三条规定,一般事故,是指造成3人以下死亡,

或者10人以下重伤,或者1000万元以下直接经济损失的事故,A选项正确。《中华人民共和国道路交通安全法》第七十条明确规定,"在道路上发生交通事故,车辆驾驶人应当立即停车,保护现场;造成人身伤亡的,车辆驾驶人应当立即抢救受伤人员,并迅速报告执勤的交通警察或者公安机关交通管理部门。"B选项正确。《生产安全事故报告和调查处理条例》第九条规定,"事故发生后,事故现场有关人员应当立即向本单位负责人报告;单位负责人接到报告后,应当于1小时内向事故发生地县级以上人民政府安全生产监督管理部门和负有安全生产监督管理职责的有关部门报告。"D选项正确。《生产安全事故报告和调查处理条例》第四条规定,"事故报告应当及时、准确、完整,任何单位和个人对事故不得迟报、漏报、谎报或者瞒报。"对于死亡老人,出租汽车企业与家属进行了"私下"协商,给予了远超出国家规定的经济赔偿,家属较为满意,企业就未向公安交通管理部门报告,存在严重违法行为,E选项正确。

故本题选ABDE。

336.夏天某日,因天气炎热,某出租汽车驾驶员午饭时饮用了一瓶冰镇啤酒(750毫升),13时20分左右以每小时87公里的速度(限速每小时80公里)行驶过程中,突然见道路前方有施工减速标志,本想踩踏制动踏板的情况下结果把加速踏板狠劲踩了一下,致使车辆冲破两道警告标志进入道路修复施工现场,导致现场施工人员3死2伤,车辆和现场施工设备不同程度损伤。调查发现,出租汽车驾驶员酒精含量超标,该出租汽车企业多项安全生产管理制度均形同虚设,本年度已经3个多月未进行驾驶员安全生产教育。

依据案例,下列说正确的有( )。

  A.该事故属于一起重大事故

  B.该出租汽车超速行驶

  C.驾驶员存在酒后驾驶行为

  D.该出租汽车驾驶员事故发生前操作失误

  E.该企业负责人应承担一定责任

正确答案:BCDE

【试题解析】

《生产安全事故报告和调查处理条例》第三条规定,"重大事故,是指造成10人以上30人以下死亡,或者50人以上100人以下重伤,或者5000万元以上1亿元以下直接经济损失的事故",A选项错误。车辆行驶速度为每小时87公里,超过限速每小时80公里,存在超速行驶行为,B选项正确。出租汽车驾驶员午饭时饮用了一瓶冰镇啤酒(750毫升),属于酒后驾驶,C选项正确。驾驶员本想踩踏制动踏板,结果把加速踏板狠劲踩了一下,存在操作失误,D选项正确。该出租汽车企业多项安全生产管理制度均形同虚设,本年度已经3个多月未进行驾驶员安全生产教育,该企业安全生产主体责任落实不到位,企业负责人应承担一定责任,E选项正确。

故本题选BCDE。

337. 某出租汽车企业现有营运车辆 100 辆,上年营业收入 650 万元,其中利润 260 万元;该企业根据《企业安全生产费用提取和使用管理办法》(财企〔2012〕16 号)规定,提取了要求数额的安全生产费用;该企业为了进一步提高安全生产管理水平,本年度安全生产管理机构对提取的安全生产费用进行了认真筹划和实施。

依据案例,下列说正确的有(　　)。

A. 该企业本年度安全生产费用应提取 6.5 万元

B. 该企业本年度安全生产费用应提取 9.75 万元

C. 出租汽车智能监控系统的建设、运行、维护和升级改造费用可以应用企业安全生产费用支出

D. 出租汽车车辆保险费用应从安全生产费用中支出

E. 企业配备、维护应急救援器材和设备的支出可以使用安全生产费用

正确答案:BCE

【试题解析】

根据《企业安全生产费用提取和使用管理办法》(财企〔2012〕16 号)第九条规定,"交通运输企业以上年度实际营业收入为计提依据,按照以下标准平均逐月提取:(一)普通货运业务按照 1% 提取;(二)客运业务、管道运输、危险品等特殊货运业务按照 1.5% 提取。"故 650 × 1.5% =9.75 万元,A 选项错误。

第二十一条规定,"交通运输企业安全费用应当按照以下范围使用:(一)完善改造和维护安全防护设施设备支出(不含"三同时"要求初期投入的安全设施),包括道路、水路、铁路、管道运输设施设备和装卸工具安全状况检测及维护系统、运输设施设备和装卸工具附属安全设备等支出;(二)购置、安装和使用具有行驶记录功能的车辆卫星定位装置、船舶通信导航定位和自动识别系统、电子海图等支出;(三)配备、维护、保养应急救援器材、设备支出和应急演练支出;(四)开展重大危险源和事故隐患评估、监控和整改支出;(五)安全生产检查、评价(不包括新建、改建、扩建项目安全评价)、咨询及标准化建设支出;(六)配备和更新现场作业人员安全防护用品支出;(七)安全生产宣传、教育、培训支出;(八)安全生产适用的新技术、新标准、新工艺、新装备的推广应用支出;(九)安全设施及特种设备检测检验支出;(十)其他与安全生产直接相关的支出。"保险费用不属于上述范围,故 D 选项错误。

故本题选 BCE。

338. 某网约车驾驶员驾驶一辆核定载客人数为 7 人的车辆搭载 9 名乘客行驶在高速公路上,以每小时 122 公里的速度猛烈撞击停驶在应急车道上的厢式货车尾部,造成 6 死 4 伤的交通事故。后经事故调查:该网约车驾驶人因患心脏病变导致心电活动不稳、心功能不全等发生交通事故,该条路段的限速为每小时 110 公里,发生事故的车辆未取得《网络预约出租汽车运输证》。

依据案例,下列说正确的有(　　)。

A. 该事故属于一起较大事故

B. 该出租汽车超速行驶

C. 该网约车平台公司未落实安全生产主体责任

D. 该网约车有运营超载行为

E. 该企业负责人应承担一定责任

正确答案:ABCDE

【试题解析】

《生产安全事故报告和调查处理条例》第三条规定,"较大事故是指造成3人以上10人以下死亡,或者10人以上50人以下重伤,或者1000万元以上5000万元以下直接经济损失的事故",A选项正确。车辆行驶速度为每小时122公里,该条路段的限速为每小时110公里,属于超速行驶,B选项正确。发生事故的车辆未取得《网络预约出租汽车运输证》,企业未落实安全生产主体责任,C选项正确。该车辆核定载客人数为7人,但搭载9名乘客,属于超载,D选项正确。《安全生产法》第五条规定,"生产经营单位的主要负责人是本单位安全生产第一责任人,对本单位的安全生产工作全面负责。其他负责人对职责范围内的安全生产工作负责。"E选项正确。

故本题选ABCDE。

339. 某平台公司取得服务所在地网约车经营许可,驾驶员张某本人取得网约车驾驶员从业资格证,接入该平台公司提供服务,张某在平台申请注册车辆未取得网约车运输证。平台在明知车辆不符合运营要求的情况下,仍然给其派单。一日,张某驾驶车辆在运营途中与其他车辆发生事故,交警到现场处理时,发现上述问题。

根据案例,下列说法正确的是(   )。

A. 该网约车平台公司未落实安全生产主体责任

B. 张某将被处以3000元以上5000元以下罚款

C. 针对这次违法行为,该网约车平台公司将被处以5000元以上10000元以下罚款

D. 针对这次违法行为,该网约车平台公司将被处以10000元以上30000元以下罚款

正确答案:AD

【试题解析】

网约车平台公司在明知车辆不符合运营要求的情况下仍然派单,未落实安全生产主体责任,A选项正确。《网络预约出租汽车经营服务管理暂行办法》第三十五条规定,"网约车平台公司违反本规定,有下列行为之一的,由县级以上出租汽车行政主管部门和价格主管部门按照职责责令改正,对每次违法行为处以5000元以上10000元以下罚款;情节严重的,处以10000元以上30000元以下罚款:(一)提供服务车辆未取得《网络预约出租汽车运输证》,或者线上提供服务车辆与线下实际提供服务车辆不一致的;……"D选项正确。

故本题选AD。

340. A出租汽车公司某驾驶员连续行车6小时后,快到目的地时,经过一道路交叉口与

一辆私家车发生碰撞,事故造成私家车驾驶员和出租汽车上2名乘客死亡。事故调查发现,该车由于长期没有维护,制动效能严重下降,驾驶员已经6个月未参加安全教育学习。

根据案例,下列说法正确的是( )

  A. 该驾驶员存在疲劳驾驶的行为

  B. 按照生产安全事故分类标准,该事故属于一般事故

  C. 该起事故A出租汽车公司的主要负责人应负一定的安全生产责任

  D. 驾驶员在疲劳驾驶时,会导致感知觉迟钝、反应迟缓等现象

  E. 汽车的制动性能是车辆最主要的安全性能之一

正确答案:ACDE

【试题解析】

  出租汽车公司某驾驶员连续行车6小时,存在疲劳驾驶行为,A选项正确。疲劳驾驶时会导致感知觉迟钝、反应迟缓等现象,D选项正确。《生产安全事故报告和调查处理条例》第三条规定,"较大事故,是指造成3人以上10人以下死亡,或者10人以上50人以下重伤,或者1000万元以上5000万元以下直接经济损失的事故;"本题事故死亡3人,属于较大事故,B选项错误。由于该出租汽车长期没有维护,制动效能严重下降,驾驶员已经6个月未参加安全教育学习,出租汽车经营者有安全教育义务,故出租汽车公司的主要负责人应负一定的安全生产责任,C选项正确。汽车的制动性能是车辆最主要的安全性能之一,E选项正确。

  故本题选ACDE。

341. 某年9月,执法人员在对A出租汽车公司安全生产工作进行检查时发现,该公司安全生产管理人员参加了行业管理部门组织的安全生产知识和管理能力考核,该公司主要负责人未参加考核。公司负责人表示每月组织驾驶员进行一次安全生产教育和培训,但6月培训记录缺失,2月培训记录显示所有驾驶员全部参加培训。经核实,存在个别驾驶员未参加的情形。

根据案例,下列说法正确的有( )。

  A. 依据《安全生产法》第二十八条、第九十七条有关规定,针对该企业存在未如实记录安全生产教育和培训的时间、内容、参加人员以及考核结果等情形,应当责令限期改正,处十万元以下的罚款;逾期未改正的,责令停产停业整顿,并处十万元以上二十万元以下的罚款,对其直接负责的主管人员和其他直接责任人员处二万元以上五万元以下的罚款

  B. 依据《安全生产法》第二十七条、第九十七条有关规定,针对该企业存在主要负责人未经主管的负有安全生产监督管理职责的部门对其安全生产知识和管理能力考核合格,应当给予罚款二万元整的行政处罚

  C. 该公司应当在收到决定书之日起十五日内罚款缴纳,到期不缴纳罚款的,原实施行政处罚的机关可以每日按罚款数额的百分之三加处罚款,加处罚款的数额不超过罚款本数

D. 该公司的行为符合《安全生产法》的规定
E. 该公司的主要负责人和安全生产管理人员没有责任

正确答案:ABC

【试题解析】

公司每月组织驾驶员进行一次安全生产教育和培训,部分培训有记录,部分培训没有记录。部分培训记录显示所有驾驶员全员参加了。经核实,有部分驾驶员未参加的情况。该公司的行为违反了《安全生产法》第二十八条第四款:"生产经营单位应当建立安全生产教育和培训档案,如实记录安全生产教育和培训的时间、内容、参加人员以及考核结果等情况"的规定,依据《安全生产法》第九十七条第(四)项:"生产经营单位有下列行为之一的,责令限期改正,处十万元以下的罚款;逾期未改正的,责令停产停业整顿,并处十万元以上二十万元以下的罚款,对其直接负责的主管人员和其他直接责任人员处二万元以上五万元以下的罚款;未如实记录安全生产教育和培训情况的的规定,决定给予罚款二万元整的行政处罚。"A选项正确。

对主要负责人未进行考核,该公司的行为违反了《安全生产法》第二十七条第二款:"危险物品的生产、经营、储存单位以及矿山、金属冶炼、建筑施工、道路运输单位的主要负责人和安全生产管理人员,应当由主管的负有安全生产监督管理职责的部门对其安全生产知识和管理能力考核合格。考核不得收费。"的规定,依据《安全生产法》第九十七条第(二)项:"生产经营单位有下列行为之一的,责令限期改正,处十万元以下的罚款;逾期未改正的,责令停产停业整顿,并处十万元以上二十万元以下的罚款,对其直接负责的主管人员和其他直接责任人员处二万元以上五万元以下的罚款;危险物品的生产、经营、储存、装卸单位以及矿山、金属冶炼、建筑施工、运输单位的主要负责人和安全生产管理人员未按照规定经考核合格"的规定,决定给予罚款二万元整的行政处罚。B选项正确。

《行政处罚法》第七十二条第一项规定,"当事人逾期不履行行政处罚决定的,作出行政处罚决定的行政机关可以采取以下措施:(一)到期不缴纳罚款的,每日按罚款数额的百分之三加处处罚,加处处罚的金额不得超出罚款的数额。……"故C选项正确,D、E选项错误。

故本题选ABC。

第二部分

城市客运企业主要负责人和安全生产管理人员安全考核管理办法

城市客运企业主要负责人和安全生产管理人员安全考核管理办法

第一条 为规范城市客运企业主要负责人和安全生产管理人员的安全生产知识和管理能力考核(以下简称安全考核),根据《中华人民共和国安全生产法》等法律法规,制定本办法。

第二条 城市客运企业主要负责人和安全生产管理人员的安全考核工作,应当遵守本办法。

第三条 城市客运企业是指从事城市公共汽电车运营、城市轨道交通运营、出租汽车(含巡游出租汽车、网络预约出租汽车)经营的法人单位。城市客运企业主要负责人指对本单位日常生产经营活动和安全生产工作全面负责、有生产经营决策权的人员,包括企业法定代表人、实际控制人,以及分支机构的负责人、实际控制人。

城市客运企业安全生产管理人员指企业(含分支机构)分管安全生产的负责人和专(兼)职安全生产管理人员。

第四条 城市客运企业主要负责人和安全生产管理人员安全考核工作应当坚持突出重点、分类实施、有序推进的原则。

第五条 交通运输部负责指导全国城市客运企业主要负责人和安全生产管理人员安全考核工作。

省级交通运输主管部门负责指导和监督本行政区域内经营的城市客运企业主要负责人和安全生产管理人员安全考核工作。

直辖市、设区的市级交通运输主管部门或城市人民政府指定的行业主管部门(以下统称市级行业主管部门)具体组织实施本行政区域内经营的城市客运企业主要负责人和安全生产管理人员安全考核有关工作。符合政府购买服务规定的,市级行业主管部门可通过政府购买服务方式,开展具体考核工作。考核不得收费。

第六条 城市客运企业主要负责人和安全生产管理人员应当在从事城市客运安全生产相关工作6个月内参加安全考核,并在1年内考核合格。在本办法实施前已从事城市客运安全生产相关工作的主要负责人和安全生产管理人员应当在本办法实施后1年内完成考核工作。

第七条 按照城市公共汽电车、城市轨道交通、出租汽车(含巡游出租汽车、网络预约出租汽车)等业务领域,对城市客运企业主要负责人、安全生产管理人员等两类人员分别开展安全考核。考核内容包括:城市客运安全生产相关法律法规、规章制度和标准规范,城市客运企业安全生产主体责任,城市客运企业安全生产管理知识,城市客运安全生产实务等。

第八条 交通运输部负责组织编制和公开发布安全考核大纲和安全考核基础题库,并根据有关法律法规对题库进行动态更新。市级行业主管部门可根据当地城市客运安全生产相关地方性政策法规及标准规范,组织编制城市客运安全生产地方性考核大纲和地方题库。

第九条 城市客运企业主要负责人和安全生产管理人员应当按照考核要求,经所属企业同意,向属地市级行业主管部门提交考核申请,并在规定的时间、地点完成安全考核工作。城市客运企业主要负责人和安全生产管理人员应根据企业经营范围及岗位职责,选择考核相应业务领域。

城市客运企业主要负责人和安全生产管理人员提交考核申请资料的真实性由本人及其所属企业负责。

第十条 城市客运企业主要负责人和安全生产管理人员安全考核采用闭卷考核方式。鼓励各地采用无纸化考核,暂不具备条件的,可采用纸质试卷考核。试卷考核题型为客观题,总分值为100分,80分及以上即为考核合格。交通运输部组织开发组卷考核客户端软件,供各地免费使用。

第十一条 试卷题目包括公共部分和专业部分。其中,公共部分试题从基础题库中公共部分随机抽取;专业部分试题按照参加考核人员所选择的业务领域,从基础题库中相应业务领域随机抽取。编制有地方题库的,可从地方题库中随机抽取试题,分值占比不超过总分的10%。

第十二条 属地市级行业主管部门应于考核结束后20个工作日内,在政府部门网站专栏公布考核合格的城市客运企业主要负责人和安全生产管理人员信息,包括人员姓名、身份证号(脱敏后)、所属企业名称、考核业务领域、考核合格结果有效期等。参加考核人员可以向属地市级行业主管部门查询考核成绩。相同业务领域的考核合格结果在全国范围内有效,不得重复进行考核。

第十三条 市级行业主管部门应当结合本地实际制定年度考核安排,并提前30天向社会公开发布,原则上每季度组织一批次考核。

第十四条 各省级交通运输主管部门于每年3月底前将上一年度本行政区域内经营的城市客运企业主要负责人和安全生产管理人员安全考核工作执行情况、本行政区域内经营的城市客运企业主要负责人和安全生产管理人员名单及安全考核通过情况汇总报交通运输部。

第十五条 城市客运企业主要负责人和安全生产管理人员安全考核合格且在有效期内,不再从事原岗位工作的,所属企业应当在1个月内向属地市级行业主管部门报告人员离岗情况;另择企业从事同类型岗位工作的,本人应当在入职后1个月内向所在地市级行业主管部门登记企业信息和安全考核情况。

第十六条 城市客运企业主要负责人和安全生产管理人员安全考核合格结果自公布之日起,3年内有效。

安全考核合格结果有效期到期前3个月内,相关人员可以向属地市级行业主管部门提出延期申请。属地市级行业主管部门应当在受理申请后 15 个工作日内,对其依法履行安全生产管理职责情况进行核实。不存在未履行法定安全生产管理职责受到行政处罚或导致发生运输安全事故等情形的,安全考核合格结果有效期应当予以延期 3 年。属地市级行业主管部门应通过网站等渠道公布延期结果。

第十七条 城市客运企业主要负责人和安全生产管理人员有下列情况的,原考核合格结果作废。

(一)因存在未履行法定安全生产管理职责受到行政处罚或导致发生运输安全事故的;

(二)城市轨道交通运营企业主要负责人和安全生产管理人员因安全管理不到位导致发生列车脱轨、列车撞击、乘客踩踏、淹水倒灌等造成人员伤亡或较大社会影响事件的;

(三)超过考核合格结果有效期 180 天未申请延期的。

考核合格结果作废后,继续从事企业安全生产管理工作的,应在 6 个月内完成考核工作。

第十八条 城市客运企业主要负责人和安全生产管理人员未按照本办法规定进行安全考核并取得安全考核合格的,应当按照《中华人民共和国安全生产法》等相关法律法规的规定进行处理。

第十九条 省级交通运输主管部门可根据本地实际,制定城市客运企业主要负责人和安全生产管理人员安全考核管理细则。

第二十条 本办法自 2023 年 1 月 1 日起施行。

附件

城市客运企业主要负责人和安全生产管理人员安全考核大纲

一、考核目的

贯彻落实《中华人民共和国安全生产法》等法律法规,提升城市客运企业安全生产管理水平,考核城市客运企业主要负责人和安全生产管理人员对安全生产管理知识掌握程度与安全生产管理能力。

二、考核对象

城市公共汽电车客运运营企业、城市轨道交通运营企业、出租汽车企业(含巡游出租汽车企业、网络预约出租汽车平台公司)的主要负责人和安全生产管理人员。

三、考核范围

城市客运安全生产相关法律法规、规章制度和标准规范,城市客运企业安全生产主体责任,城市客运企业安全管理知识,城市客运安全生产实务等内容。

四、考核方法

(一)考核方式。

采用计算机或纸质试卷闭卷考核方式,考核时间为90分钟。

(二)考核合格标准。

考核试题总分值为100分,考核合格标准为80分及以上。

(三)试卷组卷原则。

1.试题类型包括:单项选择题、多项选择题、判断题和案例题,全部为客观题。题型数量及分值见下表。

题 型	数量(个)	分值(分)	合计(分)
单项选择题	50	1	50
多项选择题	10	2	20
判断题	25	1	25
案例题	1	5	5

2.试卷题目包括公共部分和专业部分,试卷组卷比例见下表。

分值占比 考核人员	公共部分			专业部分		合　计
	城市客运安全生产法律法规、规章制度和标准规范	城市客运企业安全生产主体责任	城市客运企业安全管理知识	各领域安全生产法规政策及标准规范	各领域安全生产实务	
企业主要负责人	20%	30%	20%	20%	10%	100%
企业安全生产管理人员	15%	15%	10%	30%	30%	100%

3.城市客运企业主要负责人和安全生产管理人员报名考核时,应根据企业经营范围及岗位职责选择相应业务领域。试卷题目专业部分从题库中的相应业务领域随机抽取。

五、公共部分考核内容

(一)城市客运安全生产相关法律法规。

1.城市客运安全生产相关法律及要求。

1.1 《中华人民共和国安全生产法》。

熟悉法律适用范围,掌握安全生产政策,掌握安全生产经营单位的安全生产权利、义务和法律责任等。

1.2 《中华人民共和国刑法》。

熟悉交通肇事罪、重大责任事故罪、重大劳动安全事故罪、不报及谎报安全事故罪的犯罪构成要件,掌握《中华人民共和国刑法》及修正案中涉及城市客运领域安全管理的有关规定等。

1.3 《中华人民共和国消防法》。

熟悉消防安全工作政策,掌握消防工作责任及管理制度,掌握火灾预防要求等。

1.4 《中华人民共和国突发事件应对法》。

了解突发事件定义,掌握突发事件应对工作原则,熟悉预防与应急准备、应急处置与救援,了解企业法律责任等。

1.5 《中华人民共和国反恐怖主义法》。

了解恐怖活动组织和人员的认定,掌握涉及城市客运的防范要求及应对处置,熟悉涉及城市客运反恐法律责任等。

1.6 《中华人民共和国民法典》。

了解民事主体各方的权利和义务,以及发生侵权时应当承担的侵权责任,熟悉城市客运领域合同管理要求,掌握运输合同、租赁合同所规定的权利、义务、法律责任。

1.7 《中华人民共和国职业病防治法》。

了解职业病定义,熟悉职业病防治工作原则,掌握用人单位的主要职责、职业病预防要求,掌握用人单位法律义务,了解法律责任等。

1.8 《中华人民共和国劳动法》。

熟悉职业培训和安全防护要求,掌握违反相关规定应承担的法律责任等。

1.9 《中华人民共和国治安管理处罚法》。

了解扰乱公共秩序、妨害公共安全、侵犯司乘人身及财产权利、妨害社会管理等涉及城市客运的违反治安管理行为的有关规定。

1.10 其他城市客运安全生产相关法律及要求。

2. 城市客运安全生产相关行政法规、政策及要求。

2.1 《生产安全事故报告和调查处理条例》。

掌握生产安全事故等级划分,掌握生产安全事故报告要求、内容和应对措施,熟悉事故调查处理等。

2.2 《生产安全事故应急条例》。

掌握生产安全事故应急工作的应急准备、应急救援相关规定,以及企业应承担的法律责任。

2.3 《中共中央 国务院关于推进安全生产领域改革发展的意见》。

熟悉《中共中央 国务院关于推进安全生产领域改革发展的意见》有关城市客运安全生产相关要求。

2.4 其他城市客运安全生产相关行政法规、政策及要求。

3. 城市客运安全生产相关部门规章、规范性文件及要求。

3.1 《生产安全事故应急预案管理办法》。

掌握应急预案编制、评审、公布、备案、实施等相关规定,以及企业应承担的法律责任等。

3.2 《交通运输突发事件应急管理规定》。

掌握交通运输突发事件的应急准备、监测与预警、应急处置、终止与善后等内容相关规定。

3.3 《企业安全生产费用提取和使用管理办法》。

掌握企业安全生产费用提取标准和使用,熟悉企业安全生产费用使用范围,熟悉安全生产费用的监督管理等。

3.4 《机关、团体、企业、事业单位消防安全管理规定》。

掌握应当履行的消防安全职责,掌握消防安全管理要求,熟悉防火检查、火灾隐患整改、消防宣传教育培训、灭火和应急疏散演练等。

3.5 其他城市客运安全生产规章、规范性文件及要求。

4. 城市客运安全生产相关标准规范及要求。

4.1 《交通运输企业安全生产标准化建设基本规范 第1部分:总体要求》。

了解交通运输企业安全生产标准化建设的基本要求和通用要求。

4.2 其他城市客运安全生产标准规范及要求。

(二)城市客运企业安全生产主体责任。

5.城市客运企业安全生产主体责任。

5.1 掌握安全生产责任体系和主要内容。

5.2 掌握企业应当建立的安全生产管理制度。

5.3 掌握企业安全生产管理机构的设置和安全生产管理人员的配备要求。

5.4 掌握企业建立健全全员安全生产责任制的相关要求。

5.5 掌握企业从业人员、驾驶员的安全培训教育要求。

5.6 掌握企业主要负责人和安全生产管理人员的安全职责及相关法律责任。

5.7 掌握企业对营运车辆管理的相关要求。

5.8 掌握突发事件应急处置预案及应急处置程序。

5.9 掌握企业安全生产的目标构成、评价和考核。

5.10 熟悉安全生产检查类型、内容、方法和工作程序。

5.11 熟悉职业健康安全管理内容和要求。

5.12 熟悉城市客运企业安全生产信用管理要求。

5.13 熟悉其他涉及企业安全生产主体责任要求。

(三)城市客运企业安全管理知识。

6.城市客运安全基础理论。

6.1 了解海因里希事故因果理论及事故发生机理。

6.2 熟悉城市客运安全生产特点。

6.3 熟悉驾驶员等生理心理特征对城市客运安全的影响。

6.4 了解各类安全设施对城市客运安全的影响。

6.5 掌握雨雪冰雾等恶劣天气对城市客运安全的影响。

7.城市客运企业安全风险管控。

7.1 了解风险管理等概念,熟悉风险管理目标和内容。

7.2 掌握城市客运企业安全风险辨识、评估和管控措施。

8.城市客运企业隐患排查治理。

8.1 熟悉企业隐患排查治理原则,掌握隐患排查与治理的内容和程序。

8.2 掌握城市客运企业隐患排查内容。

9.应急处置与救援。

9.1 熟悉应急救援体系构成和响应程序。

9.2 掌握应急预案编制程序、基本内容。

9.3 熟悉应急物资储备情况。

9.4 熟悉应急预案实施与演练。

9.5 掌握极端天气、突发事件应急处置流程与措施。

9.6 掌握车辆火灾等常见突发事件应急处置与救援方法。

10. 事故报告与分析。

10.1 熟悉生产安全事故等级划分依据。

10.2 熟悉事故调查原则及要求。

10.3 掌握事故调查报告内容、要求、报告框架等。

10.4 掌握事故处理原则,了解事故报告和处理过程中违反规定应承担的法律责任,掌握事故发生单位主要负责人未依法履行安全生产管理职责导致事故发生的处罚规定等。

六、专业部分考核内容

第一部分　城市公共汽电车

(一)城市公共汽电车安全生产法规政策及标准规范。

11. 城市公共汽电车安全生产相关法规规章、规范性文件及要求。

11.1 《中华人民共和国道路交通安全法》。

熟悉机动车登记、检验、交通事故强制责任保险和机动车驾驶证等管理制度及道路交通安全行政处罚,掌握道路交通事故的概念、特点、事故处理和事故损害赔偿原则等。

11.2 《中华人民共和国道路交通安全法实施条例》。

熟悉交通肇事逃逸和故意破坏、伪造现场、毁灭证据的事故当事人责任;掌握与机动车有关的道路通行规定、交通事故当事人自行协商处理的适用情形及基本要求等。

11.3 《国务院关于城市优先发展公共交通的指导意见》。

熟悉《国务院关于城市优先发展公共交通的指导意见》有关城市公共汽电车安全生产相关要求。

11.4 《城市公共汽车和电车客运管理规定》。

掌握城市公共汽车和电车运营相关管理规定,熟悉城市公共汽电车运营安全相关规定,以及城市公共汽电车运营应承担的法律责任等。

11.5 《机动车强制报废标准规定》。

掌握车辆强制报废的相关要求。

11.6 其他城市公共汽电车安全生产法规规章、规范性文件及要求。

12. 城市公共汽电车安全生产相关标准规范及要求。

12.1 《机动车运行安全技术条件》。

熟悉车辆安全管理及技术要求。

12.2 《城市公共汽电车客运服务规范》。

了解城市公共汽电车运营安全相关要求。

12.3 《城市公共汽电车应急处置基本操作规程》。

了解城市公共汽电车应急处置基本操作规程的相关要求。

12.4 《城市公共汽电车突发事件应急预案编制规范》。

了解城市公共汽电车突发事件应急预案编制的相关要求。

12.5 《城市公共汽电车运营安全管理规范》。

了解城市公共汽电车运营安全管理的相关要求。

12.6 《交通运输企业安全生产标准化建设基本规范 第14部分:城市公共汽电车客运企业》。

了解城市公共汽电车客运企业安全生产标准化建设的相关要求。

12.7 《城市公共汽电车车辆专用安全设施技术要求》。

了解城市公共汽电车车辆专用安全设施的相关要求。

12.8 《城市公共设施 电动汽车充换电设施运营管理服务规范》。

了解电动汽车充换电设施运营管理相关要求,掌握安全与应急管理等相关要求。

12.9 其他城市公共汽电车安全生产主要技术标准与工作规范。

(二)城市公共汽电车安全生产实务。

13.城市公共汽电车安全生产实务。

13.1 掌握驾驶员、乘务员的招聘、岗前培训、安全教育培训及考核、驾驶员应急驾驶操作、驾驶员档案管理等内容及管理要求。

13.2 掌握车辆及车上安全设施管理要求。

13.3 熟悉车辆维护、保险、报废、档案等管理要求。

13.4 熟悉驾驶员、乘务员等岗位操作规程。

第二部分　城市轨道交通

(一)城市轨道交通安全生产法规政策及标准规范。

14.城市轨道交通安全生产相关行政法规、政策及要求。

14.1 《国务院办公厅关于保障城市轨道交通安全运行的意见》。

掌握城市轨道交通前期规划建设阶段运营安全风险防控要求、运营安全管理、公共安全防范、应急处置等基本要求。

14.2 《国家城市轨道交通运营突发事件应急预案》。

掌握城市轨道交通运营突发事件组织指挥体系、监测预警和信息报告机制,以及应急响应和处置等基本要求。

14.3 其他城市轨道交通安全生产相关行政法规、政策及要求。

15.城市轨道交通安全生产相关部门规章、规范性文件及要求。

15.1 《城市轨道交通运营管理规定》。

熟悉城市轨道交通运营管理制度要求,掌握运营基础要求、安全支持保障、应急处置、保护区管理、信息安全管理、安全生产经费投入等基本要求。

15.2 《城市轨道交通运营安全风险分级管控和隐患排查治理管理办法》。

熟悉城市轨道交通运营各业务板块主要风险点、风险描述、管控措施,熟悉企业风险数据库管理要求、风险等级划分办法和管理要求。掌握城市轨道交通隐患分级、隐患排查频率要求、隐患排查手册等内容,熟悉城市轨道交通运营企业重大隐患治理基本要求。

15.3 《城市轨道交通行车组织管理办法》。

熟悉城市轨道交通正常行车、非正常行车和施工行车等作业的基本要求。

15.4 《城市轨道交通客运组织与服务管理办法》。

熟悉城市轨道交通客运组织、客运服务的基础要求,以及乘客行为规范要求。

15.5 《城市轨道交通设施设备运行维护管理办法》。

掌握城市轨道交通设施设备运行监测、维护、更新改造相关要求,熟悉设施设备对城市轨道交通运营安全的影响。

15.6 《城市轨道交通运营突发事件应急演练管理办法》。

熟悉城市轨道交通运营突发事件应急演练的内容、方式、频率要求和评估机制等。

15.7 《城市轨道交通运营险性事件信息报告与分析管理办法》。

掌握城市轨道交通险性事件定义、信息报告时限、流程、内容等相关要求,熟悉险性事件技术分析内容、要求和报告编制基本要求等。

15.8 《城市轨道交通初期运营前安全评估管理暂行办法》。

掌握城市轨道交通初期运营前安全评估的基本流程,熟悉评估的前提条件和实施要求等。

15.9 《城市轨道交通正式运营前和运营期间安全评估管理暂行办法》。

熟悉城市轨道交通正式运营前和运营期间安全评估的评估条件和实施要求等。

15.10 其他城市轨道交通安全生产规章、规范性文件及要求。

16.城市轨道交通安全生产相关标准规范及要求。

16.1 《城市轨道交通初期运营前安全评估技术规范 第1部分:地铁和轻轨》。

掌握城市轨道交通初期运营前安全评估的基本要求。

16.2 《城市轨道交通正式运营前安全评估规范 第1部分:地铁和轻轨》。

掌握城市轨道交通正式运营前安全评估的基本要求。

16.3 《城市轨道交通运营期间安全评估规范》。

掌握城市轨道交通运营期间安全评估的基本要求。

16.4 《城市轨道交通信号系统运营技术规范(试行)》。

掌握城市轨道交通信号系统总体以及各子系统技术要求。

16.5 《城市轨道交通自动售检票系统运营技术规范(试行)》。

掌握城市轨道交通自动售检票系统网络安全、应用软件安全、数据安全等基本要求。

16.6 《城市轨道交通运营应急能力建设基本要求》。

了解城市轨道交通运营应急处置机构、应急预案、应急救援队伍、应急物资和演练等基本要求。

16.7 《交通运输企业安全生产标准化建设基本规范 第15部分:城市轨道交通运营企业》。

了解城市轨道交通运营企业安全生产标准化建设的基本要求。

16.8 其他城市轨道交通安全生产主要技术标准与工作规范。

(二)城市轨道交通安全生产实务。

17. 城市轨道交通安全生产实务。

17.1 掌握城市轨道交通运营调度指挥、列车运行控制、行车作业、空车轧道、线网停运机制等行车基本要求。

17.2 掌握城市轨道交通运营线路施工作业方案制定与审核、请销点、旁站监督等基本要求。

17.3 掌握车站作业、大客流处置及客流疏导、乘客管理、客伤处置等客运组织基本要求。

17.4 掌握城市轨道交通保护区划定范围、巡查职责、动态监测、作业管理等基本要求。

17.5 掌握城市轨道交通设施监测养护、设备运行维修与更新改造等基本要求。

17.6 掌握城市轨道交通从业人员健康检查、心理疏导、不良记录管理等基本要求。

17.7 掌握对恶劣天气、地质灾害、公共卫生等外部因素的风险管控、隐患排查治理、监测预警、协同联动、应急处置等基本要求。

17.8 熟悉列车脱轨等15类主要运营险性事件应急处置与救援、与外单位协同联动机制等基本要求。

第三部分 出租汽车

(一)出租汽车安全生产法规政策及标准规范。

18. 出租汽车安全生产相关法规规章、规范性文件及要求。

18.1 《中华人民共和国道路交通安全法》。

熟悉机动车登记、检验、交通事故强制责任保险和机动车驾驶证等管理制度及道路交通安全行政处罚,掌握道路交通事故的概念、特点、事故处理和事故损害赔偿原则等。

18.2 《中华人民共和国道路交通安全法实施条例》。

熟悉交通肇事逃逸和故意破坏、伪造现场、毁灭证据的事故当事人责任;掌握与机动车有关的道路通行规定、交通事故当事人自行协商处理的适用情形及基本要求等。

18.3 《国务院办公厅关于深化改革推进出租汽车行业健康发展的指导意见》。

掌握出租汽车经营行为要求以及企业相关责任。

18.4 《巡游出租汽车经营服务管理规定》。

掌握巡游出租汽车经营者、车辆、驾驶员应符合的基本条件、运营服务要求、安全管理要求以及应承担的法律责任等。

18.5 《网络预约出租汽车经营服务管理暂行办法》。

掌握网络预约出租汽车经营者、车辆、驾驶员应符合的基本条件、经营行为、安全管理要求以及应承担的法律责任等。

18.6 《出租汽车驾驶员从业资格管理规定》。

掌握出租汽车驾驶员考试、注册、继续教育和从业资格证件管理有关要求以及应承担的法律责任等。

18.7 《机动车强制报废标准规定》。

掌握车辆强制报废的相关要求。

18.8 其他出租汽车安全生产法规规章、规范性文件及要求。

19. 出租汽车安全生产相关标准规范及要求。

19.1 《机动车运行安全技术条件》。

熟悉车辆安全管理及技术要求。

19.2 《出租汽车运营服务规范》。

了解出租汽车运输车辆、服务人员、服务流程、运输安全等相关要求。

19.3 《巡游出租汽车运营服务规范》。

了解巡游出租汽车经营者、服务人员、车辆、服务站点、运营服务等相关要求。

19.4 《网络预约出租汽车运营服务规范》。

了解网络预约出租汽车经营者、驾驶员、运输车辆、服务流程等相关要求。

19.5 《道路运输驾驶员技能和素质要求 第3部分:出租汽车驾驶员》。

了解出租汽车驾驶员基本素质、专业知识、专业技能等相关要求。

19.6 《城市公共设施 电动汽车充换电设施运营管理服务规范》。

了解电动汽车充换电设施运营管理相关要求,掌握安全与应急管理等相关要求。

19.7 其他出租汽车安全生产主要技术标准与工作规范。

(二)出租汽车安全生产实务。

20. 出租汽车安全生产实务。

20.1 掌握出租汽车驾驶员招聘、岗前培训、安全教育培训及考核、驾驶员应急驾驶操作、驾驶员档案管理等内容及管理要求。

20.2 掌握出租汽车及车上安全设施管理要求。

20.3 熟悉车辆维护、保险、报废、档案等管理要求。

20.4 熟悉出租汽车驾驶员的岗位操作规程。